「200年ぶりの大変化」を味方につける!

「風の時代」開運の上昇気流に乗る方法

Shuhei Shimada
島田秀平

青春出版社

はじめに

今、僕たちは大きな変化の真っ只中にいます。

新型コロナという未知のウイルスの感染症が世界的に大流行し、感染防止のため、これまでの仕事のやり方や生活様式をガラリと変えざるを得なくなりました。

先の見えないなかで、「これからどうなってしまうんだろう」と不安を抱えている人もいるかもしれません。

しかしこれは、終わりではなくはじまりなのです。

実は、このような変化が起こることは、占星術の世界ではある程度予測されていた、といったら驚かれるでしょうか。

2020年、約2000年ぶりに星の配置が変わり、それまでの「土の時代」から「風の時代」という新時代へと突入しました。この時代の変化に伴い、今までの価値観、生活様式などが大きく変化することは、ある意味必然だったのです。

そして、今までの価値観や生活様式が大きく変わるということは、開運の仕方もこれまでとは大きく変わります。

新しい時代の開運のキーワードは、まさに「風」。

風のように何ものにもとらわれず、自由自在に動きまわれる人は、これからの時代、どんどん運が開けていきます。

「2020年を過ぎてしまったから、もう遅い」と思うかもしれませんが、大丈夫！

風の時代は2025年までが移行期間で、2026年からが本格的なスタートとなります。今こそ自分をアップデートするチャンスなのです。

大切なのは、変化を恐れずに楽しむこと。紙飛行機を飛ばすみたいに、リラックスして力を抜くことです。

それでは準備ができた方から、一緒に新しい風に乗りにいきましょう！

「風の時代」開運の上昇気流に乗る方法

目次

3章 「新しい風」を吹かせよう
――「すぐやる人」から運が開ける！

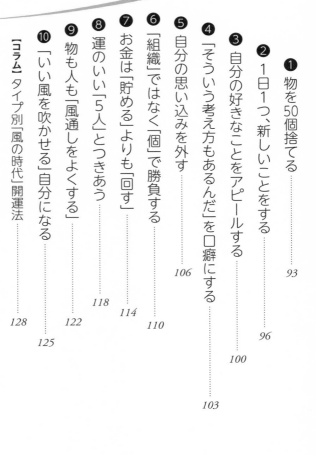

本文デザイン　新井美樹
編集協力　樋口由夏

1章 これまでとは大きく変わった「風向き」

――「風の時代」ならではの開運のコツがある！

2020年から新しい時代がはじまった!

2020年。

この年に起こったことを、世界中の人々が忘れることはないでしょう。

新型コロナウイルスの世界的な感染拡大の影響を受け、2020年から僕たちの生活は大きく変わりました。

毎日混んだ電車に乗って通勤する生活から、自宅でのリモートワークが増えたり、対面ではなくオンラインでやりとりするようになったり、現金での買い物が減ってキャッシュレスが普及したり。

ざっと挙げただけでも、人の行き来がなくなり、「リアル」なやりとりが減ったように感じます。短期間でここまで変わるとは、誰が予想していたでしょうか。

では、2020年は災難だらけの大変な年だったのでしょうか。確かにそういう面もありました。でも、「大変」は「大きく変わる」と書きます。大きく変わるために必要なことが起こったともいえます。

実は、２０２０年は新しい時代の幕開けだったのです。

「風の時代」という言葉を、最近よく耳にするようになりました。

もともとは占いの世界でよく語られていた言葉で、星の配置によって２０２０年を機に約２００年ぶりに時代が変わったことを意味しています。２０２０年はまさに、「土の時代」から「風の時代」への大転換期でした。

風の時代になったことによって、これまでの価値観が大きく変わりました。おそらく今のコロナの状況が収束しても完全に元の状態に戻ることはないでしょう。風の時代は今後約２００年間続きます。だから古い価値観のままでは、時代に取り残されてしまうのです。

コンピュータにたとえると、今までとはＯＳが変わって、それまで入っていたソフトが使えなくなった状態だといったらわかりやすいでしょうか。古いＯＳを入れたままでは、これまでのソフトは起動しなくなってしまいますよね。だからこそ、新しいＯＳ＝新しい時代に合わせて僕たちはバージョンアップする必要があるのです。

「じゃあ、いったい風の時代をどう過ごしたらいいの?」と思いますよね。もちろん、風の時代に上手に流れに乗る方法はあります!

これから、風の時代に開運の上昇気流に乗る方法をこの本でたくさんお伝えしていきたいと思います。

新型コロナがもたらした大変化

新型コロナウイルスは、僕のいる芸能の世界にも多大な変化をもたらしました。「三密」を避けるため、テレビ収録でゲストの数を絞ったり、舞台の仕事が中止になったりと、活躍の場が狭められるような変化や、仕事がやりにくくなるといった変化もありました。

一方で、若手芸人さんなどはYouTubeやTikTokなどを使って、個人で情報発信をし、テレビや舞台以外のところにも活躍の場を広げるようになりました。

また、何かをプロデュースしたり、作品を発表したり、趣味を活かして才能を発揮したりする人も出てきました。

このあとお話ししますが、風の時代は1つのところにとどまらず、自由自在に動ける時代です。

テレビ、舞台という「決まった場所」からまったく動かないのではなく、インターネットなどの「場所」に固定されないところにも活躍の場を求める。見方を変えれば、これも風の時代的な変化といえるでしょう。

テレビに出なければ意味がないとか、芸人は舞台で鍛えられるとか、そういったこだわりでずっと動かない人よりも、今や自由に個人で発信している人のほうが楽しそうに見えることもあります。僕もテレビだけでなく、YouTubeやTikTok、音声アプリなどで「怪談」や「開運」の話をして、楽しく情報発信しています。

1つのことにこだわって「僕は（私は）この道で行くんだ！」という姿勢を否定するわけではありませんが、例えば料理人が「俺は料理人だから、お客様の前で料理をつくって食べてもらって〝うまい〟と言われてお金をもらうんだ！」ということにこだわり続けたらどうでしょうか。

これはいかにも職人さんらしい考え方ですが、実際、コロナ禍でお客様が来なくなってしまいましたよね。自分の腕が落ちたわけでも、お店のせいでもないのに、環境が変わってしまった。じゃあそのときに何ができるかということです。

「料理人とはこうあるべき」「こうでなければならない」というこだわりを捨てて、ネットでおいしい料理をお取り寄せできるようにしたり、お弁当をつくったりと柔軟に対応した人が、結果的にみんなに喜ばれることになったのです。

これも、風の時代の特徴ではないでしょうか。

「風の時代」とは何か

ここで改めて、風の時代について説明しておきます。

２０２０年、約２００年ぶりに星の配置が、土の時代から風の時代に変わったとお話ししました。ちなみに今から200年ほど前は産業革命があり、まさに生活様式が変わりました。このように約200年ごとに時代は移り変わっているのです。

少し専門的な話になりますが、星占いとして知られている12星座は、古代ギリシャでいうところの四大元素（エレメント）の「火・土(地)・風・水」に分類することができます。

この4つのエレメントは約200年周期で移り変わっていくと考えられています。4つのエレメントにはそれぞれ特徴があります。

・火のエレメントの特徴（牡羊座・獅子座・射手座）

燃え上がる火のように、情熱やパワー、強い意志を持つ。枠から飛び出したい、目立ちたい欲求。向上心、直感力、決断力。

・土(地)のエレメントの特徴（牡牛座・乙女座・山羊座）

物質的なものに重きを置く。安定、収入、土地、財産。大地にしっかり根ざす。権威。

・風のエレメントの特徴（双子座・天秤座・水瓶座）

情報、人脈、とどまることのない性質。流行、変化、チャンス、つながり。目に見えないものに重きを置く。

・水のエレメントの特徴（蟹座・蠍座・魚座）

感受性、癒やし、無意識、感性、スピリチュアル、コミュニケーション。他人との境界線がない。

風の時代を軽やかに生きるヒントは、やはり「風」というキーワードにあります。

「風」を使った言葉はたくさんあります。

例えば、

・「風穴を開ける」……新風を吹き込む、新しい風を吹き込む、閉塞感を打ち破る。

・「風に乗る」「風をつかまえる」……風の流れや勢いをうまく受けて上昇・飛行する。

・「風上にも置けない」……風上に置くと風下に悪い影響がある（臭気がひどくて困る）。

ほかにも「風通しを良くする」「風向きが変わる」「追い風」「向かい風」などもあります。

力《りき》んでいたり、その場にとどまっていたりすると、風は「向かい風」となって抵抗になりますが、風に逆らわなければ「追い風」になってどんどん進みたいほうに進んでいけます。

「水」と「風」は似ていますが、水の場合、船が進むときや泳ぐときを想像すればわかる通り、流れに逆らわないと目的地に辿り着けません。だから逆流だとわかっていてもあえてチャレンジする必要があります。でも風は、抵抗せず＝スタイルを持たず、リラックスして進めばうまくいく。それも、好きなこと、楽しいことをやりながら。

ただしそのとき大切なのが、〝風を読む〟ことなのではないかなと思います。時代が求めていることを読んで、抵抗しないで風に乗る。そうすれば自力でがんばらなくても前に進みます。

僕たちは〝風を起こす〟こともできます。

強い風が吹いてきたら、飛んでいってしまうこともありますが、自分が風の扇ぎ手＝発信源になればそれもありません。そこに賛同者があらわれれば、もっと大きな風になりますよね。それが今の時代ではフォロワー数であったり、視聴回数だったりするのかもしれません。インフルエンサーなどはまさに風の発信源になっているのではないでしょうか。

時代は「土の時代」から「風の時代」へ

これまで約200年続いていた土の時代とは、どんな時代だったのでしょうか。

風と土との一番大きな違いは、「動くもの」と「動かないもの」、「目に見えないもの」と「目に見えるもの」です。

土＝土地は不動産という言葉の通り、動かない。土は揺るぎなくそこにあることが大事なので、今までの時代は、動かないその場所で、1つの仕事を一生やり遂げる、1つの会社で勤め上げる、これが美徳とされていたのです。

収入、財産、土地といった目に見えるものを持っているものが上に立つ世界。動かないもの、目に見えるものが良しとされていたからこそ安定していたともいえますし、ブレない強さがあったともいえるでしょう。

一方、風は動きます。自由自在にどこへでも行けます。フットワークが軽い、俊敏性やチャレンジ精神が良しとされます。目に見えるものではなく、目に見えない精神性や情報が重要視されます。

「じゃあ風の時代にどう過ごせばいいの？」と聞かれることも多いのですが、「風」

をイメージすればわかりやすいでしょう。

大切なのは、凝り固まった考えを捨てて、風のように体も心も自由になることです。

例えば、風のように1つのところにとどまらずに、フットワークよくいろいろなところに顔を出すのが大事になってきます。もちろんそれは〝対面〟でもいいですし、〝オンライン〟でもいいのです。今はオンラインで世界中の人と瞬時につながることができます。目に見えないもの＝人との絆が重要になっているのも、風の時代の特徴だなあ、と改めて実感します。

土の時代から風の時代への移り変わりは、まさに物質文明から精神文明への変化です。こだわりが強すぎる人、頑固なままでいる人は、時代に取り残されてしまいます。

トライ&エラーで新しいことにチャレンジしながら柔軟に対応できる人が、風に乗っていけます。言い換えれば、これからは誰にでもチャンスがある時代になったのです。

地位や名誉など持っていなくても大丈夫。男性だから、女性だからということもありません。まさに多様性の時代なのです。新しいことをどんどん喜んで受け入れていくといいでしょう。

「縦移動」ではなく「横移動」でチャンスをつかむ！

土の時代は動くことが難しいので、敷かれたレールのなかでただ上を目指す、つまり縦移動で運をつかむしかありませでした。会社でいえば、〝出世〟が何より大事だったのです。

一流大学に入って一流企業に就職してトップを目指す、あるいは1つの仕事を極めることが素晴らしいとされてきました。

ただ、見方を変えると「そこしかない」「上しか移動する場所がない」状態は、逃げ道がなく、とてもつらいものです。

僕も「お笑い芸人とはこうあるべき」と考えていた時期があります。お笑いがうまくいかず、悩んでいたところに手相をやりはじめて「手相芸人」と呼ばれるようになりました。同期や後輩にまで「何やってんの？」という目で見られ、自分でも周囲に「芸人なのに」とか「芸人のくせに」というような目で見られていると思い込んでいました。

でも今思えば、自分で自分の首を絞めていたのです。当時の僕が風の時代のような視点を持てていたら、もっとラクに過ごせていたのではないかと思います。

「縦＝上」には限界があります。

一方、風の時代は横移動できます。横って、無限ですよね。いろいろなことができるし、どこへでも行けます。

もちろん、上を見ることも大事です。でも、ただ上を目指すのではなく、横に視点をずらして違うやり方で勝負してみる、新しいやり方や武器を見つけてどんどん実力をつけて肩を並べるようにがんばる。それができるのが風の時代です。

僕の仕事でいえば、同じ事務所にはバナナマンさんやさまぁ～ずさんというす

ご い先輩たちがいますから、土の時代だったら「あの先輩たちを超えるように、冠番組を持ちたい、MCをしたい」という目標しかなかったと思います。

でも今は、別の道で勝負をしてみよう、例えばYouTubeでやってみようとか、何か違うコミュニティーをつくってみようといったように、視点が変わりました。

YouTubeが流行り出した頃、僕たち芸人を含め芸能人たちは二の足を踏んでいました。でも今や、お笑い芸人はもちろん、一流芸能人の方たちもこぞってやっています。

テレビや舞台にこだわらず、YouTubeやInstagramなどで活躍する人が本当に増えましたし、そういう人たちが逆にテレビにも進出してきています。人気が広がるスピードもまさに〝風のように〟速いです。今、YouTubeなどで人気が出ている人は、恥ずかしいとか、プライドとかは関係なく、「よし、やろう」という風のような軽さがあったのではないでしょうか。

風の時代には、独り占めは流行りません。いい情報があったら自分で発信してみんなでシェアする時代です。会社や組織に属さなくても個で発信していくことができますし、それを「いいな」と思った人と直接つながっていくことも簡単にできるようになりました。

フォロワーの数が多い人がつぶやけば、瞬く間に何万もの人に情報を伝えることができます。

例えば会社員の方だったら、同じ会社の上司や同僚だけでなく、趣味のつながり、地元の友だち、ママ友、ペット仲間、スポーツ仲間など、多種多様なコミュニティーを持つと、「1つだけを極める」「自分にはこれしかない」という狭い世界から一気に視野が広がるのではないでしょうか。

これって楽しいことですよね。

結果として、楽しみながらたくさんのチャンスを手にすることもできるようになるのです。

周囲の人が「ライバル」から「仲間」に変わる

人間関係でも変化が見られます。

土の時代では、「頂上」という場所を目指せば、嫌でも狭い陣地の取り合いになります。自分以外の相手は戦う相手であり、ライバルになります。

でも風の時代は、「縦＝上」を目指して周囲をライバル視するのではなく、「横＝周囲」に目を向け、人と争うのではなく、自分なりのやり方で活躍していけばいいと思えるようになってきます。

僕ら芸人の世界でいうと、テレビ番組はあらかじめ〝枠〟が決まっています。その枠のなかでいかにキャスティングされるか、という視点だけだと、ただのポジションの取り合いになってしまいます。

でも、先ほどもお話ししたように、YouTubeなど活躍の場を広げて、そこに仲間の芸人を呼んで一緒に楽しく発信する、ということが当たり前になってきています。

余談ですが、最近、芸人が変わったなと思うのは、お笑いの第7世代を見たときです。

第7世代はすごく仲がいいのです。僕が芸人をはじめた20年ほど前は、楽屋ではあまりほかの芸人と話すことはありませんでした。仲良く話でもしようものなら、「ライバルと何をそんなに仲良くしてるんだよ」という空気だったのです。

それが今や、みんな仲良くやろうよ、という雰囲気なのです。第7世代の楽屋は、いつもにぎやかです。僕も現場で会うことがありますが、第7世代は感覚が違います。いい意味でテレビやお笑い芸人に執着しておらず、こっちもがんばるけどあっちもある、という余裕があるのか、視野が狭くないのです。結果、すごく楽しんでいるから、力まず自然体でいいパフォーマンスができているのだと思います。

まさに、風の時代にあらわれた芸人たちなのかもしれません。僕などはまだ、ここで結果を出さなければと、がんばってまわりが見えなくなってしまうこともあるのですが……。

ちなみに、占い師のあいだでもそんな感じです。以前なら、有名な占い師さんは〝自分が一番〟という感じで誰ともつるまないイメージがありましたが、今はみんな仲がいいです。

僕がやっている怪談でもそうで、「一緒にコラボしようよ」「何か一緒にやろうよ」と声をかけてもらえることが増えました。ライバルだから蹴落《けお》としてやろうなんて空気は、まずありません。

2021年に開催された東京オリンピックでも、「ライバル」よりも「仲間」であることを感じたシーンがいくつかありましたね。

オリンピックといえば、金メダルを目指して厳しいトレーニングを重ね、ライバルに打ち勝つ、というイメージが強いものです。でも今回のオリンピックでとくにメダルを獲った若い人たちには、そのような印象は受けませんでした。女子スケートボードのライバル同士の選手が、競技の合間に談笑していたり、相手の演技をたたえたり、緊張するはずの場面でむしろリラックスして楽しんでいるように見えました。

このことから、学べることはたくさんあります。職場や、学校、子育てにおいても、ライバルではなくてみんな仲間。それぞれが自分の場で活躍できればいいし、何かあれば一緒に楽しめる。そんな関係ができたら素敵ですね。

「風の時代」はスマホがお財布代わりに

土の時代はお金という形のあるものが絶対でしたが、今、キャッシュレス化が進んでいるのは、まさに風の時代ならでは。そう考えると、もはやスマートフォンはお財布と同じです。

今やショップカードもアプリ化していますから、ある意味、スマホにお金を貯めているのと同じことになります。ほとんど使っていないアプリがスマホの画面を占拠していませんか?

お財布に不要なショップカードやレシートを入れていると金運が落ちるのと同じように、スマホに不要なアプリやデータが入っていると、金運が落ち、余計な支出が増えるかもしれません。無駄なデータやアプリがある人は、できるだけ削除しましょう。

スマホケースを新しくするのもいいでしょう。その際、色は金運を上げる緑色にするのがおすすめです（僕も緑色のスマホケースを使っています）。金運アップには黄色がいいといわれますが、黄色は入るお金が多い代わりに出ていくお金も多くなってしまいます。

安定をもたらし、お金が定着しやすいのが緑色です。ゆうちょ銀行のメインカラーに緑色が使われているのは、「貯める」という意味があるからだという説もあります。

また、お財布を持つなら長財布がおすすめです。二つ折りの財布では、お金も窮屈《きゅうくつ》になってしまいます。のびのびできる長財布のほうが、お金も居心地がよく、集まってきやすいというわけです。

お財布を持ち歩く時代ではなくなってきたからといって、お財布が不要になるわけではありません。金運的に見ると、お金を保管する場所＝お金の住処《すみか》というのは必要です。お財布を持ち歩かない場合でも、家のなかでお金のくつろげる住処をつくるという意味で、緑色のお財布に入れて置いておくといいでしょう。

タイム・イズ・マネーという言葉通り、時間もお金です。

風の時代になって、時間に縛られなくなり、自由に時間を使えるようになった人も増えたかもしれません。

決まった時間に通勤する必要もなくなりましたし、決まった時間にテレビ番組を観なくても、TVerやParaviなどの登場で、好きなとき、好きな場所で好きなものを観られるようになりました。今は、いかにその人に時間を割いてもらえるかが重要な時代になり、あちこちで時間の取り合いが起きているような状態です。

だからこそ、ちょっとした時間が貴重です。僕もついやってしまうのですが、なんとなく動画を見たりゲームをしたりすることで、時間をとられているとしたらもったいないです。

動画やゲームが自分を機嫌よくさせるための時間になるならいいのですが、〝なんとなく〟の1日1時間が1カ月で30時間、1年だと……と考えると、時間はお金で買えないものだとつくづく思います。

以前、バナナマンの設楽統《したらおさむ》さんに「僕たち芸能人は、スケジュールで動いている。いい時を刻むことが、いい仕事につながる」と言われたことがあります。

当時の僕は安物の時計をしていました。それを見て設楽さんが「いい仕事をするためには、いい時計をつけていたほうがいいんじゃないか」と言ったのです。

このときから僕の時間に対する意識が変わった気がします。

芸能人は分刻みで仕事をすることも珍しくありません。限られた時間のなかで、お客様に喜んでもらい、家族に喜んでもらい、より多くの人に喜んでもらいたい。それがいい仕事、いい人間関係につながっていくんだな、なんて思っています。

恋愛、結婚……「風の時代」はこう変わる！

風の時代は、恋愛も結婚も今までの型にあてはまらなくなってくるでしょう。

実際、出会い方も大きく変化しています。ひと昔前なら出会いのきっかけは、学生時代の友人、職場が同じ、友だちの紹介、合コンが主でしたが、最近ではマッチングアプリで出会って結婚、というパターンも増えています。リアルな出会いではなく、ネットなどで出会うというのも、風の時代を象徴しています。

しかも、ちょっと前なら出会いのきっかけがマッチングアプリだと聞くと、驚いてしまったものですが、あっという間に当たり前になってしまいました。

リモートワークも増え、出会いがないという声もある一方で、マッチングアプリで効率よく、自分と価値観の合う人と出会うことができるのです。いい面も悪い面もあるのかもしれませんが、住んでいる場所や仕事などに関係なく、自分が出会えるはずのない人に出会えるのは素晴らしいことです。もし僕がマッチングアプリがある今の時代に独身だったら……と想像すると、素直にうらやましいなと思います。

バブリーな時代にあった、三高（高学歴、高収入、高身長）なんてもう死語になってしまいました。まさに上を目指す、土の時代らしい条件でしたね。

ちなみに手相には「結婚線」があります。手相のなかでもポピュラーな線で、今では当たり前にみなさん「結婚線」といいますが、もともとは「根性線」と呼ばれていました。昭和に入ってから「結婚線」と呼ばれるようになったそうです。つまり、それまで結婚とは、耐え忍ぶこと、根性を試されること、我慢することだったのでしょう。それがいつからか結婚線と呼ばれるようになったというのが、いかにも昭和らしいと思います。

そしてこれからは、お金や肩書といった土の時代に求められていた価値観ではなく、より精神的なつながり、絆で相手を選ぶように変わっていくのかもしれません。

風の時代だからこそ「執着しない」ことも大切です。これは恋愛、結婚に限らず、仕事でも同じです。「去る者は追わず」くらいの気持ちでいるほうが、新しい出会いを引き寄せやすいでしょう。

まだ間に合う！ 本当のスタートは2026年

風の時代は2020年12月22日からはじまったといわれています。

風の時代がスタートしてしまったからもう遅い、と思わなくても大丈夫です。実は2025年まではその移行期間であり、本当の風の時代のスタートは2026年からなのです。

脅《おど》かすわけではありませんが、2025年までがタイムリミットです。

今のあなたの過ごし方で、2026年に自分がいる位置が変わってしまうかもしれません。2026年までに、自分の意識の持ち方や働き方、人づきあいを変えていく必要があります。大きく変わることができれば、2026年のスタートラインでは、ベストな位置に立てている、と言っても過言ではありません。

人間というものは、放っておくと変わらないほうを選ぶものです。変わらないほうがラクだからです。自分を変えることはそう簡単なことではありません。でも今から準備をすれば2026年までに十分間に合います。

これからの変化は、干支《えと》や数秘術でも読み解くことができます。では、どんな年になるのか、それぞれ見ていきましょう。

【干支】

干支はみなさんご存じの十二支《じゅうにし》です。十二支の動物にもそれぞれ意味があり、その年の世の中全体の運気を見ることができます。

・2020年＝子……十二支の最初の年。「ね」という音から、根を張る、物事の下準備を進めてスタートする年。

・2021年＝丑……子年にはじまったものが伸びていく。いとへんをつけて「紐」

になることから、「紐解く」年。自分の内側、強みなどを分析して新しい物事に備える年。

・2022年＝寅……さんずいをつけると「演」になることから、「こうなりたい自分」という目標を決める年。目標となる人を演じていくことで成長する。

・2023年＝卯……卯に点を入れると卵という字になることから、生み出す年。子年から積み上げてきたことが、成果を生みはじめる年。

・2024年＝辰……「辰」＝「立つ」となることから、立ち上がる、ステップアップの年。過去のがんばりが報われるので、波に逆らわずに乗っていく。

・2025年＝巳……「み」＝「実」となることから、これまでのことが実を結び、大きく飛躍できる年。

・2026年＝午……十二支のちょうど半分にあたることから、後半に向けて再スタートを切る年。

参考までに、それ以降の年についても説明しましょう。

・2027年=未……「未」は木の枝が伸びきっていない様子=未完成をあらわすことから、自分に足りないところを伸ばしていく年。
・2028年=申……「猿」は「えん=縁」と読むこと、また猿は群れの象徴でもあることから、家族や仲間などとの縁や絆を大切にする年。
・2029年=酉……「とり」という音から、取り込む年。つまり、お金が取り込まれる、商売繁盛の年。
・2030=戌……犬は忠実な動物であることから、義理人情の年。人とのご縁を大切にし、人脈を広げていく年。
・2031年=亥……猪突猛進《ちょとつもうしん》から、どんどん突き進んでいく年。

僕の話になってしまうのですが、芸能生活をスタートしたのは1996年でした。そして「号泣」というお笑いコンビを組んで活動し、2008年に解散。それが、本当にひょんなことから2020年に再結成。

再結成するなんて思ってもみなかったのですが、漫才もやることになりました。

この僕らの流れが１９９６年、２００８年、２０２０年と12年周期になっていたのです。しかも全部子年＝スタートの年。本当に大きな流れを感じました。

【数秘術】

数秘術は、生年月日などから算出される数字から、個人の運気や性格などを占うものです。非常に歴史が古いもので、膨大な統計データによって確立されています。数秘術は、個人だけでなく、西暦をバラバラの数字にして足して計算することで、その年の世の中全体の運気がわかるようになっています。

数秘術では、１～９が1つのサイクルになっています。

計算方法は簡単で、例えば２０２０年なら「２＋０＋２＋０＝４」で「４」になります。２ケタになった場合は、１ケタになるまで足していきます。２０２６年なら、「２＋０＋２＋６＝10」となり、「１＋０＝１」で「１」になります。

こうして見ていくと、やはり２０２０年は1つの節目となっていて、２０２６年から本格的に時代が切り替わるということがわかります。

・2020年＝4……地盤を固める、基礎づくりの年。
・2021年＝5……転機、新たなチャレンジの年。
・2022年＝6……自己犠牲の年。「損して得とれ」という言葉もある通り、自分が損をすることでも、そこにチャンスがある。
・2023年＝7……自己投資。勉強して、弱点を克服する年。習い事をはじめるのもおすすめ。
・2024年＝8……成功の年。積み重ねが成就する年。今までやってきたがんばりが報われる。
・2025年＝9……解決、けじめ、集大成の年。今までの流れに一区切りをつけて、翌年のスタート（種まきの年）に備える。
・2026年＝10→1……新しい時代、種まきの年。新しいことをはじめる年。

その後の2～3は以下のようになります。

・2027年＝2……人脈づくり、人とのつながり、ご縁を大切にする年。
・2028年＝3……ごほうびの年。考えすぎずに1年を楽しみきることが大切になってくる。

ただし、2020年は、ひとケタになる前の数字が「22」になります。「22」は「大変動」と呼ばれ、個人の場合は人生に、西暦の場合は世の中に、大きな変化が起こる可能性が高いといわれています。まさに2020年、新型コロナウイルスが猛威《もうい》をふるい、世界中に大きな変化を起こしました。

ちなみに、2024年には新札が発行され、2025年には大阪万博もあります。未定ですが、もしかすると東京で世界陸上も開催されるかもしれません。

2025年は数秘術でいうと集大成の年。ここで1つのサイクルが終わり、一区切りがつきます。

その翌年、2026年から風の時代が本格的にスタートしていくのも、何か深い意味があるような気がします。

これからの時代は「風を読める」人が幸運をつかむ

風や空気は形を持たない、目に見えないものです。これからの時代は、周囲の空気をキャッチし（＝風を読み）、それを発信していくことが求められるようになっていきます。

先日、サザンオールスターズの桑田佳祐さんのインタビューを目にしました。桑田さんは誰もが知る天才ミュージシャンです。その桑田さんが「自分は空っぽの容れ物のようなもの」とおっしゃっていたのが印象的でした。空気や情報など、市井《しせい》に浮遊しているものをキャッチして、それを空っぽの容れ物である自分のなかに詰め込んで出してきただけ、つまりご自身には自分の色や自我のようなものは持っていないというのです。

この話を聞いて、同じようなことをバナナマンの設楽さんもおっしゃっていたことを思い出しました。

僕は一度、設楽さんに、「設楽さんが自分のなかで一番自信があるところはどこですか？」と聞いたことがあります。

すると、「多分、俺は見たものに対して、視聴者と同じ普通の感覚で素直にものが言えるところかな」と言うのです。

例えばおいしそうなパンが出てきたら素直に「ああ、うまそう！」「すげえ、ふわふわしてる」などとコメントする。僕なら、芸人だから何か面白いことを言わなくちゃ、人と違うことを言わなくちゃと考えて、かえって力んでしまうところです。

でも視聴者と同じ感覚で素直に思ったことを言えるからこそ、共感を得られますし、番組側からすれば、それが一番言ってほしいコメントだったりします。

これこそが設楽さんが長く芸能界で活躍できる理由なんだなと納得したことを覚えています。力んでいると、風が吹いていることに気がつくこともできないでしょう。

桑田さんも設楽さんも、周囲の風を読んで、みんなが求めているものを出しているだけ。そして、「自分が自分が」という我の強さを出したり、押し付けたりしないところが魅力となっている。これが風の時代にもうまく流れに乗っていける秘訣なのかもしれません。

コラム

時代は60年周期で繰り返す!?

土の時代から風の時代へ、時代は200年周期で変わるというお話をしましたが、一方で、十干・十二支を組み合わせた60干支《かんし》といって（甲子《きのえね》、乙丑《きのとうし》、丙寅《ひのえとら》など）、60年周期で同じことが繰り返されるという考え方もあります。だから60歳は「暦が還る」と書いて「還暦」というのです。

例えば2021年の60年前は1961年。この年は、すごく大きなことが世界で起こっていました。

・ケネディがアメリカ大統領に就任
・ベルリンの壁がつくられる
・ガガーリンが人類初の有人宇宙飛行を成し遂げる

ということは、2021年もそれに紐づくようなことが起こることになります。さて、実際はどうだったでしょうか。

ケネディ大統領＝ニューリーダーの誕生です。日本での話ですが、10月に岸田内閣が発足したことは偶然ではないのかもしれません。また、世界でもさまざまな分野で新しいリーダーの台頭という話題をよく耳にするようになりました。

ベルリンの壁＝社会の二分化。これは難しいですが、貧富の差やアメリカと中国の二極化など、新型コロナウイルスの流行も含めて、これから世界の二極化がどんどん進むかもしれません。

ガガーリン＝宇宙が身近になる。2020年のことですが、アメリカ国防総省がはじめて未確認飛行物体（UFO）の可能性がある映像を公開し、その存在を認めました。それを受けて、当時の河野元防衛相が、UFO遭遇時の対応について指示しました。

そして2021年、世界ではじめて民間人だけの宇宙旅行が実現しました。

僕は宇宙やUFOの話が好きなので、こういう話が出てくると本当にワクワクします。ひと昔前なら、UFOのことを話そうものなら、ちょっと変わった人扱いする人も多かったのですが、今や月刊誌『ムー』の編集長が報道番組に出て、堂々とUFOについて語れる時代になりました。

さて、この先の未来にはどんなことが起こるのでしょうか。

2章

「風」に飛ばされない自分になる

——これからの時代に欠かせない「3つの柱」と「5つの看板」

「風の時代」こそ「自分軸」が大切

この章では、風の時代を生きるうえで大切なこと、風に吹き飛ばされず（他人に流されず）、風に乗って生きるポイントについてお話ししたいと思います。

風の時代になったからといって、今までのものをすべて捨て去って生まれ変わりなさい、というわけではありません。風の時代において大切なのは、自分を支える軸を持つことです。

「自分軸」「他人軸」という言葉を聞いたことがある方もいるでしょう。

自分軸とは、いついかなるときでも自分の視点で決めること、ひと言で言えば、自分が人生の主人公であると知っているということです。

周囲の顔色を気にして、まわりに反応してしまうのが他人軸です。

日本人はとくに、「同調圧力」に弱かったり、「人に迷惑をかけない」ことをよしとしたりしますから、他人軸で生きてしまっている人が多いのではないでしょうか。

自分軸を持つというと、自己中心、わがままとの境界線が難しいといわれてしまうことがありますが、自分軸とわがままは違います。

本当はやりたくないのに、相手がそれを望んでいるから我慢してやっていたり、そう思わないのに相手の言う通りにしたり、自分を押し殺して相手の機嫌をとったり。そんなことを続けていると、自分を支える軸がなくなってしまいます。

決してわがままなどではなく、本当は自分が何をしたいのか、どうありたいのかを考えておくことが大切です。

ずっと他人軸で生きてきた方は、すぐには難しいかもしれません。迷ったときは自分の心に聞いてみましょう。「これは、自分が本当にやりたいと思ったこと？それとも、他人の機嫌をとるため（他人の都合に合わせるため）にやっていることと？」というふうに。

また、「これは許せる、許せない」「これはOK、これはNG」といった、線引きとなるような判断基準を自分のなかに持っておくことも大切です。

僕のなかでも、その判断基準となるものがあります。

僕は高校生のときに父を病気で亡くしました。亡くなってだいぶ経ち、ちょうどお笑いコンビを解散してこれからどうしようかと悩んでいた頃、父がつけていたノートが見つかりました。姉宛てのノート、僕宛てのノートがあり、いろいろなメッセージやアドバイスが書いてありました。まさに後から知った、父の遺言です。

その遺言のなかに、「人生で迷ったり、悩んだりしたときには、家族が喜ぶほうを選んでほしい」ということが書いてありました。父親や母親やきょうだいや妻や子どもの顔を思い浮かべて、これをやったら喜んでくれるかな、と思うほうを選ぶということです。逆に、お金がたくさん入るとか、自分にとって得になりそうな話でも、これをやったら家族はなんと言うだろうか、喜ばないのではないだろうかと思うものは、やらないようにしています。

これは他人軸のように見えますが、そうではありません。要は、自分がそうしたいかどうか、そうすることで自分が心地よく、しっくり来るかどうかが重要なのではないかと思います。

自分を支える「3本の柱」

それではここから、風の時代を生きていくうえで大切な、2つのポイントについてお話ししましょう。

1つは「3本の柱」を持つこと、もう1つは「5つの看板」を持つことです。

これからの時代、僕は自分の人生を支える「3本の柱」を持つことが大切だと考えています。

風の時代は自由に動けるようになる、「横移動」ができるとお話ししました。そのとき、自分自身がブレてしまったら意味がない。風の時代だから、フットワークの軽さは大切ですが、だからこそブレない自分の根本=帰ってくる場所を持っていることが大切になってきます。

逆にいえば、帰るべき場所がないと、いろいろなところに自由に飛んでいくことができません。そこがブレてしまって、あっちこっちに移動しているだけだと、本当にただフワフワとした中身のない人になってしまいます。

先ほど自分軸の話もしましたが、風の時代でいくら動いていいといっても、自分軸を持ったうえで動く必要があるのです。根っこの部分がしっかりしているからこそ、枝葉はどんどん伸びて広がることができるのです。

しっかり自分を持って立つために必要なのが、「3本の柱」です。

3本の柱というのは「三脚」にたとえ、上に乗っているカメラを自分自身と考えます。自分が安定していられる要素を3つ決めて、その三脚の上に、自分自身をあらわすカメラを置くイメージです。

2つよりも3つのほうがいい理由

あなたの「カメラ=自分自身」にあたるものはなんですか?

僕自身でいうと、カメラにあたるのはやはり、「お笑い芸人」です。

それを支える3本の柱である三脚にあたるのが、「占い」「怪談」「パワースポット」です。

これが、カメラの部分を「占い」にしたらどうでしょうか。占い師さんなら、ほかにもたくさんすごい方がいらっしゃいます。でも、お笑い芸人でありながら占いも、怪談も、パワースポットにも詳しいとなると、なかなかほかにはいません。いい意味でレアな存在になるため、芸人としても好循環が生まれます。

三脚の上にカメラを置いて立つことで、精神的にも安定してきます。「三脚」とは、「人生の三脚」と言い換えてもいいくらい、自分を支えてくれるものです。

この「人生の三脚」を思いついたのは、先輩芸人である石井正則さんの話を聞いたからです。

石井さんは味のある俳優さんとして有名ですが、もともとは「アリ to キリギリス」というお笑いコンビのボケ担当で活躍されていました。そのなかで脚本家の三谷幸喜さんに見いだされ、俳優としての仕事がどんどん広がっていきました。

当時は、芝居の現場に行けば「役者の世界にお笑いが顔を出して」と言われ、バラエティーの現場に行くと、「おまえ、どうせ役者だろ」などと言われ、どちらにいっても中途半端な扱いをされてコンプレックスだったといいます。

僕が言うのもおこがましいですが、僕も「芸人のくせに占いなんかやって」と言われることが多かったので、お話をしていてその気持ちはよくわかりました。

石井さんはとても多趣味な方で、自転車やカメラが好きで、いろいろなもののコレクションもされています。そのコレクションのなかで面白かったのが「三脚」。カメラの三脚を集めているというのです。

カメラのコレクションならわかりますが、何で三脚？　と思いますよね。そこで僕は「どうして三脚なんか集めているんですか？」と聞いてみたのです。すると石井さんがこう言いました。

「三脚ってなんで脚が3本なのかわかる？　何で4本じゃないと思う？」

自分を支える「3つの柱（三脚）」

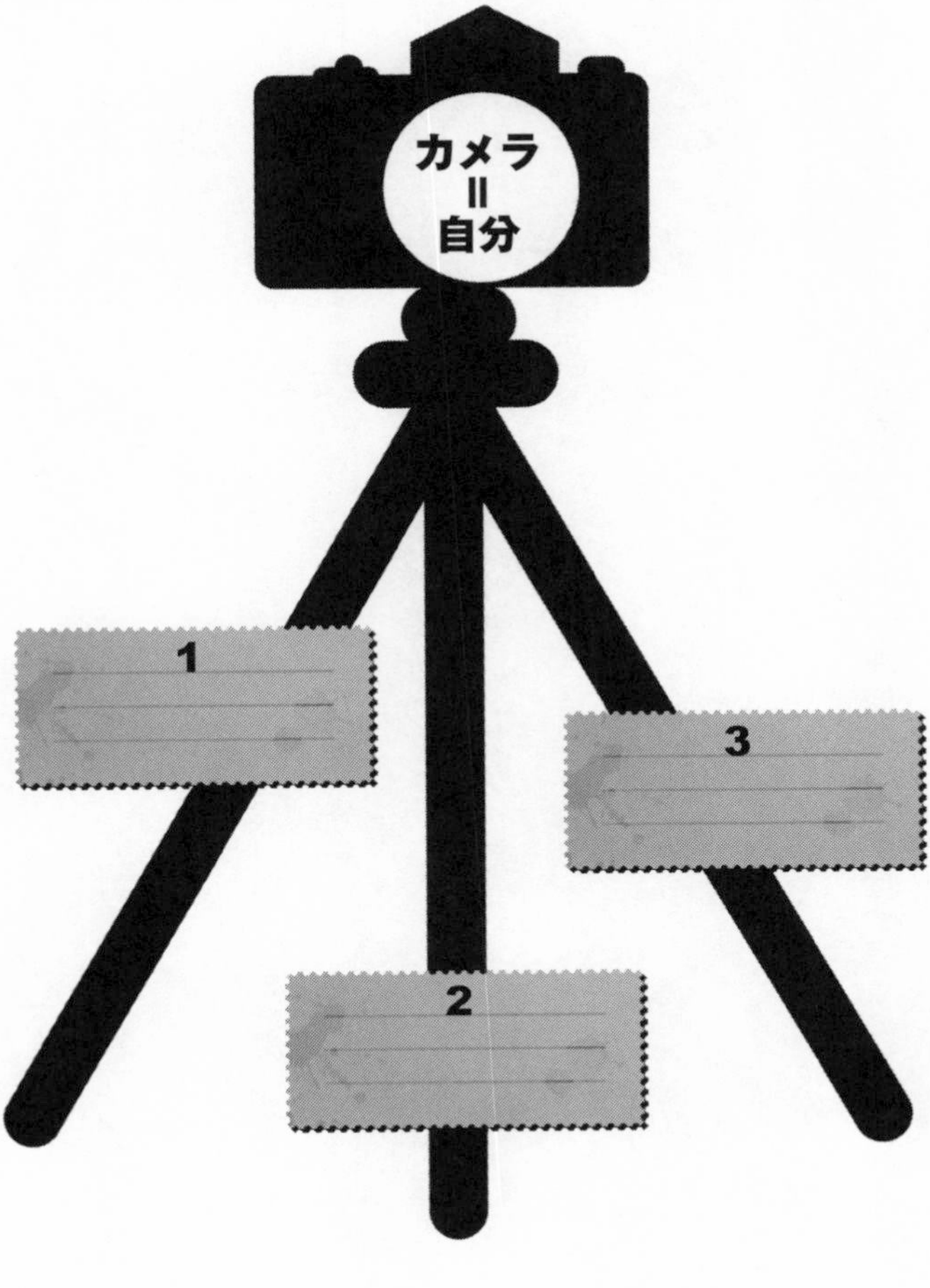

確かに3本である意味がわかりません。4本よりも材料費が安くすむからかな、なんて考えていると、「4本だと1本が短かったときにグラグラするんだ。実は3本が一番安定するんだよ。三脚というのは、考え抜かれたうえで成り立った形なんだよ。だから三脚が好きなんだ」とおっしゃいました。

そうか、3本あれば揺らぐことがなく安定するんだ、と思いました。そして、人生も同じではないかなと気づいたのです。風の時代であっても、人生に自分を支える柱が3本あれば、揺らぐことはありません。

ちなみに、ある仕事でご一緒したシンガーソングライターの森山直太朗さんに、ご自身の「3つの柱」を聞いてみたことがあります。森山さんは、

・カメラ（自分）……表現（者）

・三脚（3つの柱）……音楽、創作、遊び

と答えていました。森山さんは最近、俳優としても活躍されていますが、そこには「表現する」というベースがあることが基本なのですね。

一般的に考えれば「自分」があり、3本の柱は仕事、家族、趣味などという方

も多いかもしれません。

あなたの3本の柱はなんですか？

大先輩のひと言が「お笑い＋α」を目指すきっかけに

実は僕は、芸能界をやめようと思っていた時期があります。

お笑いコンビ「号泣」を解散した2008年のことです。相方は別の仕事をしたいというし、それなら自分もお笑いをやめて地元に帰ろうと思ったのです。

その報告をしようと、事務所の一番の先輩である和田アキ子さんのところに行きました。

「アッコさん、今までお世話になりました。コンビを解散することになりましたので、芸能界をやめて長野に帰ろうと思います」と言ったら、アッコさんは「そうか」ではなくて、こう言ったのです。

「残念やな。でもせっかくこの世界で12年もがんばってきたんやし、あと1年、年末までがんばってみいや」と。

そして、芸能界は1つのことだけでは飽きられてしまうから、2つのことをがんばって、年末の紅白歌合戦が終わったあとにうちに来て、「この2つをがんばりました」と報告しに来るよう言われたのです。

大先輩のアッコさんに言われたからには何かやるしかないと、僕ははじめて自分の内側と向き合いました。

2つのことをやるといったら、自分には何があるだろう。もともと好きだった怖い話や都市伝説。あとは趣味でやっていた手相占い。今1人でできるのはそれしかないと思いました。

そこで、とにかく必死でその1年勉強していったら、少しずつ仕事になりはじめたのです。

その年の年末、アッコさんに報告に行くと、アッコさんのほうから「見とったぞ。がんばったな」と言って、握手をしてくれました。あのときのアッコさんの言葉がなかったらどうなっていただろうかと思うと、感謝の気持ちでいっぱいになります。

僕の場合、お笑い芸人であるということはまず間違いないのですが、そこに「占い」と「怪談（都市伝説）」を加えました。今はそれにもう1つ「パワースポット」を増やして、3本の柱にすることで、バランスがとりやすくなりました。

3という数字はバランスがいいのかもしれません。僕は3人きょうだいなのですが、3人いると対立することも少なく、比較されることもなく、バランスがとれていた気がします。お笑いでも、コンビは解散することがありますが、トリオは仲がいいケースが多いですよね。

芸能界で長く活躍されていらっしゃるアッコさんならではのアドバイスだったと思うのですが、結果的に飽きっぽい僕にはこれが向いていたのです。

何かを突き詰めるとつらくなってしまうこともありますが、何本かの柱があるほうが、いい意味で気分転換にもなりますし、相乗効果で視野が広くなるメリットもあります。あれもこれもやることは悪くない、風の時代ならむしろ強みになるのではないでしょうか。

二足のわらじ、三足のわらじを履いてチャンスをつかむ

先ほども少し触れましたが、僕は長いあいだ、お笑い芸人1本ではなく、手相や怪談、パワースポットなど、いろいろなことをやっている自分にコンプレックスを抱いていました。

ある番組の移動中のロケバスのなかでのことです。出演者は有吉弘行さんをはじめ、第一線で活躍されている芸人の方たちばかりで、みなさん楽しそうに話をして盛り上がっていました。

当時コンプレックスを抱いていた僕は、ほかの芸人さんたちがまぶしく見えて、その輪のなかに入っていけず、後ろのほうの席についていました。

すると有吉さんがやってきて言いました。

「こういうときこそ入って来いよ。勝手に壁をつくってるの、おまえだからな」

そして「こいつ、インチキだから。都市伝説とか嘘ばっかりでさあ」などと言いながら僕をいじりまくり、話題のなかに入れてくれたのです。

有吉さんの「勝手に壁をつくっている」という言葉を聞いて、目が覚めました。「そうだ。別にまわりはなんとも思っていないのに、自分が勝手にいじけて、コンプレックスを持っていただけだったんだ」と気づけたのです。

「器用貧乏」という言葉があるように、これまではあれこれ手を出さず、1つのことを極めることがよしとされる風潮がありました。

しかし風の時代はむしろ、器用になんでもできることは強みになります。二足のわらじ、三足のわらじを履く人のほうがバランスがとれてうまくいくことも多くなる、というのが僕の考えです。

メジャーリーグで大活躍をしている大谷翔平選手の二刀流などは、その最たるものではないでしょうか。ひと昔前なら、「投手か打者か、どちらかにしろ」と言われていたでしょう。まさに風の時代を先取りしていたのかもしれません。

先ほどお話しした俳優や声優、ナレーターとして活躍されている石井正則さんはもちろん、お笑い芸人で俳優として活躍されている人は、ネプチューンの原田泰造さん、アンジャッシュの児嶋一哉さん、東京03の角田晃広さんなど、挙げたらキリがありません。又吉直樹さん、千原ジュニアさん、キングコングの西野亮廣さんは作家としても活躍されています。

また僕のように芸人でありながら何かのジャンルに通じて肩書さえも変えてしまった例では、収納王子のコジマジック（小島弘章）さんや、家事えもん（松橋周太呂）さんもいます。

どんな人でも2つ以上のことをやっていると、バランスのとり方が難しかったり、迷いが生じたりするものです。コジマジックさんや家事えもんさんと話し込んだことがありますが、話していて共感したのは、「芸人もやりたいし、笑いもとりたい。でも自分が得意なこともやりたい」というところでした。笑いをとりすぎると得意な分野の説得力が弱まってしまうため、バランスが難しいのです。

でも、みんな口をそろえて言うのは、お笑い芸人をやっていてよかったということ。芸人をやっているからこそ、人前で話しやすかったり、話のつかみがうまかったり、説明するときもわかりやすく伝えられたりと、いいことがたくさんあるのです。

話が広がってしまいましたが、どの仕事にも共通していえるのは、これからは、「本業はこれです。でもこんなこともできます！」という人が増えてくるということです。逆にいえば、「これしかできない」ことはリスクになっていくのかもしれません。

実際、コロナ禍で副業ＯＫなど、多様な働き方を認める企業も増えてきました。二足のわらじ、三足のわらじでの経験が、異分野である本業にも生きてくるなど、メリットも多いのではないでしょうか。

自分の武器になる「5つの看板」

風の時代に生きていくうえで大切なことの1つは「3本の柱（三脚）」でしたが、もう1つ重要なのが、「5つの看板」を掲げることです。

「5つの看板」とは、自分の武器、収入源になるもののこと。

先ほど副業をOKとする企業が増えたという話をしましたが、「5つの看板」という複数の武器を持つことは、リスクの分散につながります。

新型コロナウイルスの感染拡大によって、本当に人生は何が起こるかわからないということを、世界中の人々が痛感しました。とくに飲食業界は大打撃を受けました。そんななか、いち早くテイクアウトや通販（お取り寄せ）をはじめて、苦境を乗り越えようとした方々の柔軟性は、風の時代ならではだと思います。

NSC（吉本総合芸能学院）の講師の方から聞いた話ですが、ある時期から授業のなかで「漫才師以外に4つ、自分のアイコンとなる看板を持ちなさい」と教えるようになったそうです。

お笑い芸人たるもの、お笑いだけという時代ではない。これだけ、というのが危うい時代だと。あれもこれもそれもできる、いろいろな顔を持っている、その場所ごとの5つのコミュニティーをつくることが大事になってくるというのです。

最近、芸能人でも事務所に属さず、フリーになる人も増えています。しかもその理由がケンカ別れなどではなく、いろいろなことを迅速にフットワークよくやりたいから、という理由が多いようです。風の時代をとくに意識しているわけではないかもしれませんが、無意識にこういうことに気づく人が増えているのかもしれません。

僕自身は、手相が仕事につながるとは思ってもいませんでした。でもあるとき、趣味として学んでいた手相が武器になることがわかったのです。

番組の打ち合わせで「何か自分だけの武器はない？」と聞かれ、「趣味で手相をやっています」と言って、ディレクターさんの手相を見たのがきっかけでした。そこから手相で番組に呼んでいただけるようになったのです。

1つの仕事だけを長く続けることは美徳ではありますが、リスクを伴います。繰り返しになりますが、これからの時代は1つのことに特化せず、いくつもの顔を持っていたほうがリスクヘッジになるだけでなく、視野も広がります。

ひと昔前は、就職をしたり、1つの仕事をはじめたりするときに、「とりあえず3年は続けろ」と言われたものでした。でも最近は、「嫌だな」「何か違うな」と思ったら、すぐにやめてしまう人が増えたと聞きます。

仕事に限らず、なんでもまずはやってみて「これは違う」と思ったら違う方法に変えるというのは、風の時代にはますます増えてくるでしょう。わがままなどではなく、これもまたトライ・アンド・エラーなのではないかという気がするのです。

そのときも、1つのことだけやって、違ったからやめるというとゼロになってしまいますが、複数のことを同時に走らせているといいのかもしれません。

例えば寿司職人さんがフレンチの勉強をしてもいいし、仕事以外の趣味の道を持つのもいいでしょう。

それが即、収入につながらなくても、まったく構いません。複数のことを細く長く続けることでオリジナリティーができていき、自分なりの看板ができていくこともあります。

1つに絞らないからこそ、飽きることなく続けられて、気づいたら道ができていた、なんていうこともあるかもしれないのです。

「他人と違う」ことこそが最大の強み

東京パラリンピックの閉会式。そのフィナーレを飾った名曲「What a Wonderful World（この素晴らしき世界）」を演奏したのは、ピアニストの西川悟平さんでした。

ご覧になっていた方は、とくに意識せずに素晴らしい演奏を聞かれたのではないかと思いますが、実は彼は、ジストニアという脳の神経疾患で7本しか指が動かないのだそうです。僕も後からそのお話を聞いてびっくりしました。

ピアニストにとって、指が動かなくなることがどれほど絶望的になることか、想像もできませんが、多くの葛藤を経て彼がたどりついたのが、「7本の指で弾ける曲を弾けばいい」ということでした。それから努力を続け、今では「7本指のピアニスト」として活動を続けられています。そしてついに、東京2020大会の舞台で演奏する夢が叶ったのです。

西川さんご自身も、パラリンピック後のインタビューで、「〝7本の指で弾いている〟というアナウンスが一度もなく、ただ自分が弾いた音が世界中に響いていることが、すごくうれしかった」と語っています。

「ピアノは10本の指で弾くもの」という土の時代的な固定観念にとらわれず、自分の個性を活かして、それまで以上の活躍をされている。これも風の時代的な生き方だなあと心を打たれました。

ここにきて「多様性」という言葉を本当によく耳にするようになりました。男だからとか女だからとか、障がいがあるとかないとか、そんな枠がどんどんなくなって、「人と違う」ことを個性として認める社会に変わりつつあります。これもまた、風の時代的な変化の1つなのかもしれません。

日本人の場合、どうしてもまわりの目を気にしてしまいがちです。

海外では「人と違う」ことは個性であり、ユニークなことだととらえられ、才能があると絶賛されることさえあります。

しかし日本では、まわりと同じでなくてはならないという教育がされてきたので、長らく「人と違う」ことがよしとされてきませんでした。〝右へならえ〟で人に合わせ、みんなと同じことが美徳とされてきたのです。同調圧力なんて、まさにその典型ですよね。

ところが最近では「変わっているね」「変人だね」が日本でもほめ言葉になりつつあります。「変人」と言われて喜ぶ人もいるくらいです。

僕が思うに、変わっている人=変人は、ほかの人が気づかないところに気づけるすごい人。みんなより一歩抜きん出る才能がある、ということではないでしょうか。

芸人の話で恐縮ですが、僕たち芸人は、会社員よりは、人と違うことを武器にすることに慣れている気がします。人と違う変わった面をアピールすることで、声をかけていただける場合もあるからです。

例えば、公式サイトのプロフィールなどに自分ができることを書いて、アピールすることもできます。僕の場合は趣味として「パワースポット巡り」「ドライブ」「スキー」などのほか、「ゴルフ」とそのベストスコアまで書いてあります。細かく書いておくことで、ゴルフにまつわる仕事が来ることもあります。

芸能人に限らず、より変わったこと、人と違うことはこれからの時代、今まで以上にアピールポイントになりますし、風の時代にはむしろ面白がって受け入れてもらえることが多くなるのではないでしょうか。

過去の経験を棚卸ししてみよう

自分の武器となる「5つの看板」を見つけようといわれても、自分にはそんなに武器になるものがない、という人もいるかもしれません。

でも、すぐに仕事や収入につながるものではなくてもまったく構いません。

自分のなかの「5つの看板」を見つける手がかりは過去、つまり後ろに転がっていることが多いのです。

僕が怪談が好きになったきっかけは、小学校のときに遡《さかのぼ》ります。僕の小学校の担任の先生は変わっていて、週に1回の学級活動の時間にカーテンで教室を真っ暗にして、怪談話をしてくれました。クラスの子どもたちはキャーキャー言いながら聞いていましたね。そこから怪談って面白いなと思って自分でも書きためていたのです。そのときはもちろん、仕事になるなどとは思ってもみませんでした。

このように、僕は仕事柄、過去にやっていたことが役に立つことを実感しています。ずっとマンガが大好きで読み続けていたらマンガの仕事が来たり、あとはバスケット部だったと言えばバスケの仕事が来たり。

だから、「こんなことをやったってお金にならない」なんて思わずに、純粋に好きだったものや得意なものを探してみるといいかもしれません。

ホリプロのマネージャーの南田裕介さんは、筋金入りの鉄道ファンとして知られています。社員でありながらテレビやラジオや鉄道関連のイベントに引っ張りだこ。南田さんがイベントに来るというと、タレントさんが来るよりも盛り上がるほどです。自身の担当タレントをMCにして、見事に好きなもの、趣味だったものを仕事に活かしていますよね。

みなさんも、小さいときから落書きばかりしていてイラストが得意だったとか、楽器が得意だったとか、子どもの頃から好きだったこと、得意だったこと、なぜかずっと続いていることなど、過去を棚卸ししてぜひ探してみてください。

好きなこと、ちょっとしたことでも看板にした者勝ち

好きなものは大切にしたいから人に言いたくないとか、こんな些細《ささい》なことが武器になるはずがないと思っているとしたら、とてももったいないことです。

いわゆる〝地下アイドル〟が大好きな後輩の芸人がいました。何年ものあいだ、ものすごい回数のライブにも通い続けていて、知識量も半端ないのです。当時、彼はお笑いのほうがなかなか軌道に乗っていなかったこともあり、「地下アイドルにそこまで詳しいのってすごい武器になるから、アピールしたほうがいいよ」とアドバイスしたのですが、「地下アイドルのネタは絶対に仕事にしたくない」と言うのです。結局彼は芸人をやめてしまいました。

好きなことに費やすエネルギーは、お金以上に価値ある財産だと思います。好

きだからこそがんばれるし、長く続けられるし、その人にしかできないこともたくさんあります。好きなことを独り占めしたり隠したりしないで、堂々と武器にできることも、風の時代には必要ではないかと思うのです。

風の時代だからこそ、些細なことが武器になる可能性があります。

例えば会社に必ず1人や2人はいる、パソコン関係に詳しい人。あるいはなぜか人脈があって人と人とをつなぐ役割が得意な人。「そんなの、たいしたことないです」「誰でもできますよ」などと謙遜《けんそん》する人もいますが、これだってほかの人にはない、あなただけの武器になります。

最初から完璧であることを求めず、〝ちょっとできる〟くらいのことでもいいので、「5つの看板」を掲げてみてください。

僕の場合はこんな感じです。

「占い師、漫才師（お笑い芸人）、怪談師、愛犬家、パワースポット」

「お笑い芸人」以外、最初から仕事を意識していたものはありません。自分の好きなこと、興味があったことばかりです。愛犬家というのも、もともとフレンチブルドッグを飼っていただけ。それが趣味が高じて、気づいたら今はドッグサロンを経営しています。

ちなみに先ほど「3本の柱」のところでもご紹介した森山直太朗さんは、以下のようなものでした。

「歌手、役者、ナレーター、1人の男、コンサルタント」

男性だったら「パソコン、育メン、DIY、バスケ、料理」

女性だったら「会社員、母親、散歩好き、韓流ドラマ、スイーツ」

といったものでもいいですね。ほかにも、ジャニーズが好きだとか、ダイエットを試して挫折した数なら負けないとか、探せばたくさんあるはずです。

選ぶ基準を1つだけ挙げるとしたら、やはり「好きである」ということが大前提だと思います。あなたも自分自身の「5つの看板」を掲げてみてください。

自分の武器になる「5つの看板」

欠点、マイナスポイントのなかにもヒントがある

「5つの看板」は、得意なことや好きなことだけではなく、自分の欠点やマイナスポイント、損をしたと思っている経験のなかにある場合もあります。

自分が欠点だと思っているということは、自分がそこにこだわっているということになります。つまり、関心・興味があることなのです。だからこそ、より勉強するでしょうし、熱中できると思います。そして興味を持って勉強していけば、知らず知らずのうちに1つの武器になる可能性が高いのです。

僕の人生初の挫折は、高校受験に落ちたことです。自分で言うのもなんですが、学校の成績は割とよくて、地元の公立の進学校を受験したのですが、なぜか僕だけ落ちてしまいました。絶対受かると思っていたのですごくショックで。結局滑り止めの私立高校に通うことになりました。そこが、電車で1時間半かかる学校だったのです。

中学までの友だちは誰もいないし、絶望で打ちひしがれていました。すると読書好きの父が、「これで3年間、電車のなかでたくさん本が読めるな。よかったな」と本気で言うのです。そのときは、何言ってんだ、と思ったのですが、実際3年間の通学中、往復3時間、たくさん本を読めました。そのとき読んでいた本のおかげで歴史好きになり、確実に今の仕事につながっています。

それだけではなくて、遠くの高校に入学した経験は、芸能界に入ってからも役に立ちました。

1人も友だちのいない高校に放り込まれた感覚だったので、「とにかくみんなと仲良くならなくちゃ」「顔を覚えてもらわなくちゃ」と必死で3年間がんばったことは、顔を覚えてもらうことが重要な芸能生活に必要なことでした。

当時、僕は始発から終点まで乗って通っていたので、毎日他校の生徒が乗っては降りて行きました。そのたびに「おう、今日どうしたの?」とか「今日ジャージ着てるけどなんか大会あるの? がんばって」とか、たわいのない話をいろんな生徒とするようになりました。まさに〝雑談のスパーリング状態〟です。

仕事をするようになって、初対面の方とも普通に打ち解けて、ストレスなく楽しくおしゃべりできる力は、このときに鍛えられたものです。

地元の高校に受かっていたら、友だちもたくさんいて、確かに楽しかったかもしれません。でも高校に落ちたこの経験で、確実に僕の世界は広がりました。

誰しも振り返れば失敗や挫折経験の1つや2つはあります。あのとき受験や面接に落ちたからとか、恋人に振られたからとか、ちょっと恥ずかしくて人に言えない黒歴史があるはずです。でもそれが今の自分の糧《かて》になっていることは多いのではないでしょうか。

どんな経験もプラスに変える力を秘めています。

『スラムダンク』というバスケットボールを題材にした有名なマンガがあります。その編集者さんに聞いた話ですが、作者の井上雄彦先生は、キャラクターすべてにあえて欠点を描くというルールを決めていたそうです。

僕も『スラムダンク』が大好きなのですが、登場するのは個性あふれる魅力的なキャラクターばかり。例えば主人公の桜木花道は、運動神経がものすごくいいけれど、バスケは初心者。女性に弱くてけんかっ早い。ライバルの流川楓は、天才だけどコミュニケーションがとれなくて、独り相撲のプレイばかりしてしまう。そしてみんなそれを克服していきます。

なぜ欠点をつくったかというと、読者は、ただ格好いいスーパーマンや完璧な人には感情移入しないもの。弱さや欠点があるからこそ感情移入してしまう、共感してファンになってしまうからだそうです。

実際の僕たちの生活でも、完璧すぎる上司がいたら、自分のダメダメな相談などできません。でももしもその上司が、自分の失敗談とか格好悪い話をしてくれたら、一気に人間味が透けて見えて、好きになってしまうのではないでしょうか。人は自慢話よりも、失敗談のほうに共感しますし、そんな人に親近感を覚えるものです。

ドラマの『古畑任三郎』の今泉役でブレイクした俳優の西村まさ彦さんは、もともとは滑舌が悪くて早口なのがコンプレックスだったそうです。でも、『古畑任三郎』ではあの独特のしゃべり方が見事にハマって魅力になっていましたね（もちろん演技が素晴らしかったことは言うまでもありません）。

欠点は嫌なもの、なければいいものと思う人がほとんどかもしれませんが、風の時代は欠点こそが武器になるのではないかと思います。

欠点は、〝欠けている点〟ではなくて、〝欠かせない点〟なのです。だからぜひみなさんも自信を持ってください。

1人でがんばらず「得意」を持ち寄って協力し合う

風の時代は得意なことを得意な人がやり、いい情報はみんなでシェアしていくようになります。だからすべて1人でがんばろうとせずに、それぞれの「5つの看板」を持ち寄って協力し合いながら、仕事や目標を達成していく、というやり方になっていくのではないでしょうか。

「ココナラ」というWebサービスをご存じでしょうか。自分が持っている知識や経験、スキルなど、得意なことをサービスとして出品・購入できるマーケットです。

イラストやマンガ、占い、勉強の解説、コンサル、音楽、IT、美容、マネー、翻訳など実にさまざまジャンルで自分の「得意」を提供し、それを必要とする人とつながることができます。

本当に自由な風の時代の象徴のようなビジネスです。僕たちは今、すごく面白い時代を生きているのです。

ただ、自由な分、責任も伴います。ある意味、本物と偽物がわかりやすくなったというか、中身がある人かない人かが明確になりやすくなったともいえます。

コロナ禍になって、リモートの打ち合わせや会議が増えました。今までの対面の会議では、いるのかいないのかわからない人でも、仕事をしているようでしていない人でも、その場にいる雰囲気でなんとなく仕事が進んでいきました。

でもリモート会議だと、1人ひとりの存在がクローズアップされるようになります。すると「この人、実は何もしゃべっていないな」「意見を言っているようで前の人の発言をなぞっているだけだな」などといったことがはっきり見えるようになってきたように思います。

そのなかで自分の「オリジナル」や「得意」をちゃんと出せる人は、いい提案ができるのではないでしょうか。本格的な風の時代に入って行く2026年までには、なんとなくその場にいただけの人は淘汰《とうた》されてしまうかもしれません。

テレビ番組のキャスティングにしても、今は「密」を避けるために10人も呼べないですし、リモートになったら「3人しか呼べません」ということもあります。そんなとき、「このテーマならこの人しかいない」と選ばれる人になりたいと、僕自身も思っています。

また、これからは、固定したメンバーでずっと同じ仕事をする時代には戻れなくなるでしょう。まさにスーパーヒーローが集まった映画『アベンジャーズ』のように、本当にそのプロジェクトを進めていくなかで必要な、得意なことを持っている人が集められる。そしてそのプロジェクトが終われば解散して、また新しいプロ集団『アベンジャーズ』で仕事をしていく、というふうになっていくのではないでしょうか。

これからは仕事に限らず、「これが得意です！」と言えるようなものを持っていることが重要になっていくと思います。

ただし風の時代は、得意分野という狭い土俵のうえで戦ったり、席を奪ったりするのではなく、得意を持ち寄って助け合ったり、チームを組んだりするほうがうまくいきます。

例えば山登りをするのに、わざわざ登りたくもないのに険しいルートを選んで1人で苦しみながら登るのが土の時代だとしたら（もちろん、険しい山登りが好きな人はそれでOKです）、風の時代では、ロープウェイを選んで登る人もいれば、ゆるやかなルートを選んで登る人もいる。もしロープウェイがなかったら、山登りが得意な人に山登りをしてもらって、写真が得意な人は山の写真を撮って、アウトドア料理が得意な人は、そこで料理をつくって……と自分の得意なことをする、それでみんなが幸せ、というイメージでしょうか。

会社で、同じ資料をつくるのにパソコン操作に慣れていない人なら2日かかるところを、得意な人は2時間でできる。だったら資料づくりは得意な人にまかせて、その時間は自分の得意なことに費やして貢献していく、そんなチームとしての仕事のやり方も増えてくるかもしれません。

苦手なことをするのはつらいです。僕の場合、方向音痴で道が覚えられません。車も運転しますが、ナビがついていてもどっちに行くのかわからなくなります。そんな僕がもしもタクシーの運転手になったら、つらすぎますよね。自分がつらいだけではなく、お客様にも迷惑です。だから、苦手なことはやらず、得意な人にまかせるほうがみんな幸せになれる。それがこれからの時代なのです。

先日ある仕事でバリバリの有能なホテルの経営者にお会いしました。いかにも仕事ができるという感じの方でしたが、その方が「うちに1人、ダメな社員がいるんです。最悪なんです」と言うのです。聞くと、書類は全然提出しないし、期限も守らないし、仕事が全然できないとボロクソです。

すると横にいた別の社員の方が、「でもお客様からの声では、彼は一番ウケがいいんですよ」と言います。そのダメ社員とされる男性は、ホテルの接客をしているのですが、子どもや高齢のお客様にも好かれるし、非常に評判がいいのだそうです。

それって、ホテルマンとしては最高に仕事ができる人だと思いませんか？

ホテルで接客の仕事をしているなら、それが得意なことが一番素晴らしいわけで、事務処理ならばほかの人にやってもらえばいいのではないでしょうか。何より、彼の才能を見抜けない経営者のもとで働く社員さんがつらいだろうなと思った出来事でした。

得意なことがあればその得意なことを活かせる場で、なおかつあなたの得意をわかってくれる人たちと協力して何かを成し遂げることができたら最高です。

風の時代は1つの場所に固定されず、得意をどんどん発揮できる人が注目されるようになっていくでしょう。

人間関係も「5つ」がキーワード

和田アキ子さんに芸能界をやめるとお伝えしたきに「まずは2つのことをがんばれ」と言われたお話をしました。今から10年以上前の話です。

風の時代の今、看板＝武器は2つでは少なく、多いほうがいいでしょう。そこでこの本では「5つの看板」を持つことを提案しています。

僕の場合、その5つのなかでも手相という、人を幸せにする明るいお話をする仕事と、怪談や都市伝説のような少し暗めの話をする仕事が含まれていて、自分なりに光と闇、あるいは陰と陽ともいえるバランスがとれている気がします。

ある意味、5つというのは多すぎず少なすぎず、ちょうどいい数なのかもしれません。

同じように、自分が出入りするコミュニティーも1つに絞らないほうがいいと思います。僕なら、お笑い芸人の仲間だけでなく、占いや怪談好きな仲間、愛犬家の仲間やサッカーなどスポーツの仲間、飲み仲間などでしょうか。

もっといえば、家庭の顔の僕もいます。少し前に、住んでいるマンションの管理組合の役員の仕事を1年間したのですが、たまたまそのとき同じ役員のなかに犬の仕事をされている方がいて、イベントの仕事につながったこともありました。男性の場合はコミュニティーというと、どうしても仕事のつながりに限られてしまいがちですが、仕事とはまったく関係のないコミュニティーに入ることで、新しい情報が入ってくることもあります。

会社員の人なら、いつも同じ職場のメンバーだけではなくて、異業種交流会やオンラインサロンなど、子どもがいるならママ友やパパ友の集まりなどに入ってみるのもいいでしょう。出会うはずのない人と出会える楽しさがあるはずです。まったく違うコミュニティーを5つくらい持っておくと、視点も世界も広がって、ますます風の時代を面白く生きられるでしょう。

3章

「新しい風」を吹かせよう

――「すぐやる人」から運が開ける！

「風の時代」に自分をアップデートする10の方法

風の時代がどんな時代になるか、その特徴についてここまでお話ししてきました。

今までの土の時代とは大きく違うことがおわかりいただけたでしょうか。とはいえ、すぐに今まで慣れ親しんだ考え方や行動を変えるのは難しい人もいるかもしれません。

風の時代への適応のしやすさというのは、人によっても違います。どっぷり土の時代に浸ってきた人ほど、すぐに変わるのは難しいかもしれませんが、みなさんにぜひ新しい風に乗っていただきたい！　と強く願います。

では実際、どんなことをすればいいのでしょうか。この章では、実践編として風の時代という新しい時代を楽しく、幸せに生きていくための10の開運ヒントを伝えていきます。今日からできる簡単なことばかりですので、できるものからぜひ試してみてください。

❶ 物を50個捨てる

物質主義から精神主義へとシフトする風の時代。手っ取り早くシフトするには、思い切って物を50個捨てることです。まさに「断捨離」です。

物が多ければ多いほど、身動きがとれなくなります。引越しもしづらくなるし、新しい情報も入りにくくなります。せっかくの新しいご縁にも気づきにくくなるかもしれません。

物を捨ててスッキリすることは、「風通しをよくする」ことにつながり、運気もアップします。

「50個も捨てるなんて無理！」と思うかもしれません。

でも、数個捨てたくらいでは、心と部屋の風通しをよくするまでには至りません。やってみるとわかりますが、だいたい10個まではスイスイ捨てられます。20個までもなんとか行ける。でも30個くらいから、迷いが生じてきます。「これ、捨ててもいいのかな」「せっかくもらったものだし」「こんな思い出もあるし」「高かったからもったいない」などなど。

でもその思いを断ち切って捨てると決めたとき、なにより心がスッキリします。そして50個捨て切った先には、本当に晴れ晴れとした感覚が訪れ、心がリセットされます。

ちなみにパソコンと本棚は仕事運の象徴といわれています。本棚が本でパンパンに埋まっている人、パソコンのデスクトップがアイコンでびっしり埋め尽くされている人は、頭のなかも無駄なものでいっぱい。常に余裕がないため、新しいアイデアも生まれてこなければ、新しい出会いが入ってくる余地もないということになってしまいます。

また恋愛運が悪い人は、クローゼットが洋服でいっぱいになっている傾向があります。これまた、余裕がなく詰め込まれているので、新しい出会いが入ってこなくなるのです。

パソコンも本棚もクローゼットも、2、3割くらい空きスペースをつくっておくと、仕事運や恋愛運がアップします。

「持たない」からこそ、自由になれる

❷ 1日1つ、新しいことをする

ある方から聞いた臨死体験の話です。

死後の世界はどんなものなのでしょうか。よく三途《さんず》の川があったという話を聞きますよね。川の向こうには美しいお花畑があって、向こう側の世界に行きたかったけれど、呼ばれて振り向いたら目が覚めて、一命を取りとめたなどという話もよく聞きます。

その方もご病気で生死をさまよっていたときに、同じように川の風景が見えたそうです。その光景を冷静に見ている自分がいた。ふと見ると、老若男女のすごく長い行列ができていることに気づきました。

「何の行列だ?」「何で並んでいるんだ?」気になって見ていると、行列の先頭のほうに、コンビニエンスストアのような店があり、並んでいる人は次々とそこに入っていきます。お店のなかには、まさにコンビニと同じようにレジのようなものがあります。並んでいる人が店員さんに小さな紙を渡すと、バーコードリーダーのようなもので紙の情報を読み取り、「○○ポイントですね。はい、次の方どうぞ」といって、ポイントをもらっています。

気になって「何のポイントですか」と並んでいる人に聞くと、「これは死後のポイントですよ」と言う。死後のポイントって何だ？　と思いますよね。聞くと、「お金みたいなもので、これをたくさん持っていないと、こっちでも楽しく暮らせないのです」と言います。

見ていると、1人ひとりポイントが違います。「何でポイントが違うんですか？」とまた聞くと、「生きているときの行いによってポイントが変わってくるんですよ」と言う。

これ、どういう意味だと思いますか？　ほとんどの人が「生前に徳を積んだ」とか「善行」によってポイントが違ってくると思うのではないでしょうか。

ところが、そうではないというのです。

「だって、その時代によって良い、悪いの価値観なんて変わるじゃないか。例えば人を殺すことは絶対にダメだけど、それが良しとされた時代もあったじゃないか。善行、悪行で計れるわけないよ」

確かにその通りです。では、どうやったらポイントが貯まるのでしょうか。

それは、「新しい経験をすること」だったのです。

新しい経験は、どんな些細なことでもOK。例えば飲んでいるジュースの種類を変える、いつもと違う道で帰る、いつもと違う定食メニューを頼んでみる、髪型を変える、普段着ない色の服を取り入れるなど。要は、自分のなかでマンネリ化していることを変えてみるのです。

そうやって新しいこと、はじめてのことをすると、どんどんポイントが貯まっていくのだそうです。

善行か悪行かで判断されてしまうと、悪いことをするともうダメなのかと思ってしまいますが、新しいことなら誰でも今すぐできますよね。

僕たち人間は、神様のような大いなる存在から、「さあ、いろいろな経験をしてきなさい」とこの世界に送り出されたのかもしれません。そうやって1人ひとりがいろいろな経験をすることで、ビッグデータのようにそれが蓄積されていくのではないでしょうか。

せっかく生まれてきたのです。うまくいくことだけでなく、失敗も含め、たくさんの経験をしていかなきゃもったいないと思いませんか。

生きているということは、肉体がないとできない経験をしているということでもあります。生きることは、経験を積むこと。魂は〝経験値〟がごちそうだと聞いたこともあります。

よくいわれることですが、死ぬときは、お金や地位や名誉は持っていくことができません。どんな大金持ちも、えらい政治家も、身ひとつであの世に行くわけです。

でも、経験だけは持っていくことができる。

さあ、今日はどんな新しい経験をしましょうか。

自分の経験値を上げることは、魂を磨くこと

❸ 自分の好きなことをアピールする

これ、意外とできない人が多いのです。というのも、好きなことより嫌いなことのほうが言いやすいのか、「これが好き」ということをはっきり言わない人が多い。とてももったいないことだと思います。

確かに好きなことを口に出すのは、勇気がいることです。なぜなら好きなことを伝えると、「この人、こういうことが好きなんだ」「こういうセンスなんだ」と判断されてしまうから。

例えば「どんな映画が好き?」と聞かれ、インテリっぽく見られたくて、実はあまり知らないフランス映画を挙げてしまったり……。そんなときでも間髪をいれずに「『タイタニック』最高です!」とか、「やっぱり『スター・ウォーズ』ですね」とかすぐ言える人のほうが魅力的だと思いませんか? 自分の〝好き〟を語っている人を見ると、こちらもうれしくなってしまいます。

こんなふうに、好きなことや得意なことを口に出していくと、それにかかわることがどんどん引き寄せられてきます。

先ほどもお話ししたように、僕たち芸能人の場合、いろいろ発信する場所や機会があります。そんなとき、自分の「好き」や「得意」をアピールしておくと、そういったお仕事が来ることが往々にしてあるのです。

例えば、お笑い芸人のサンシャイン池崎さんは、芸人以外に猫の保護活動に力を入れています。お笑いコンビのティモンディの野球の実力はプロ級です。こんなふうに好きなこと、得意なことをアピールしていると、それが経験値となり、新しい仕事につながるケースもあります。単に仕事のためではなく、純粋に〝好き〟という気持ちが、いいものを引き寄せているのだと思います。

僕の場合も、「手相を見られます。都市伝説や怪談もたくさん知っています」と口に出せるようになってから、確実に仕事の内容が変わってきました。漫才以外の仕事がどんどん増えていったのです。

会社勤めの人でも、好きなことややりたいこと、得意なことを日頃から口に出していたら、その部署に異動できたり、興味のあるプロジェクトに参加できたといったことがあるのではないでしょうか。黙っていても察してもらえるなどということはなく、好きなことは口に出さなければ伝わりません。

『マツコの知らない世界』というテレビ番組があります。ある分野に熱意を注いでいる人が登場して、マツコ・デラックスさんにその良さをプレゼンするという人気番組です。そこに出演している人は、堂々と自分の〝好き〟をアピールしています。自分の興味がないことでも、自分の〝好き〟を熱く語っている人の話には、つい引き込まれてしまいますよね。土の時代だったら変わった人扱いされていた人も、今や注目され、面白がられる時代になったのです。

1つ前の項目の「新しい経験をする」にもつながりますが、好きなこと、得意なこと、できることが見つからない人は、いろいろなことを臆《おく》せず経験することからはじめてみてはいかがでしょうか。

〝嫌い〟より〝好き〟が人生を面白くする

❹「そういう考え方もあるんだ」を口癖にする

風の時代は「〇〇すべき」「〇〇しなければならない」はNGワード。「〇〇すべき」というような固定観念があると、うまくいかないことが多くなるでしょう。自分の勝手な思い込みが邪魔になり、自分で自分を苦しめてしまうこともあります。

コロナ禍によって、今までの当たり前が当たり前ではなくなり、常識が非常識に変わり、「会社には毎日通うもの」「学校の授業は対面でおこなうもの」「人前でマスクをするのは失礼だ」「家にずっといるのは不健康」などといった常識がことごとく覆《くつがえ》されました。

これらのことにいちいち抵抗していたら、大変ですよね。僕たちは、コロナ禍で「受け入れる力」を身につけることができたのかもしれません。

風の時代は、個の時代ともいえるので、「みんながそうだから自分も同じように」

という考えはそぐわなくなってきます。

たとえ自分の考えと違うものと出会ったときでも、相手を否定せず、心のなかで「へえー、そういう考え方もあるんだ」「あなたはそう思うんですね」などと受け入れるようにするといいでしょう。

運がいい人の口癖は、「まあ、いっか」です。いい意味で完璧を求めず、いいところで切り上げられる。「これぐらいでちょうどいい」という、まさに〝いい加減〟を知っているところがあるのです。


お笑いコンビを解散して手相芸人としての仕事も増えはじめたとき、僕はまだ「お笑い芸人とはこうあるべき」といった「〇〇すべき」にとらわれていました。先にもお話ししましたが、勝手に自分で自分をおとしめて、自信をなくしていた時期もあります。

手相で仕事をいただけるようになったものの、本当にこれでいいのか、お笑いをもっとやったほうがいいのでは……と迷っていました。

そんな自分を救ってくれたのが、ダウンタウンの松本人志さんのひと言です。

ある番組に呼ばれ、テレビ局のトイレに行くと、たまたま松本さんがいらっしゃいました。そこでなんとなく話の流れで、「お笑い芸人なのにこんなこと(手相)やって、何やってるのかなって思っちゃってるんですよね……」とこぼしてしまったのです。

すると松本さんは、「お笑いも手相も人を楽しませることやし、需要があるってことはええんちゃうか?」と言ってくれたのです。

そうか、自分はお笑い芸人なのに……などと決めつけて、自分で自分を苦しめていただけなんだ。みんなが喜んでくれれば手段にこだわらなくたっていいじゃないか。求められることをやっていこうと、すごくラクになりました。

今思えば、松本さんが「まあ、いっか」の精神を教えてくれたのかもしれません。

「こうあるべき」を手放すとラクになる

❺ 自分の思い込みを外す

繰り返しになりますが、「こうでなければならない」「こうするべき」「こうしておけば間違いない」といった考え方は、土の時代までの意識の持ち方です。風の時代には、こうした自分の思い込みを外す必要があります。

自分の思い込みを外す具体的な方法として、自分の好きなもの、こうだと思っていることを書き出して、「それ以外のものだったらどうか？」と考えてみるワークをしてみましょう。

(例)

・犬が好き→猫はどう？　猫カフェで実際に触ってみては？
・からいものが嫌い→試しに食べてみては？
・一流企業に就職しないとダメ→どうしてそう思う？　ほかの働き方はない？

・仕事は〝早く〟できないと評価されない→本当に「仕事が遅い＝悪」？　丁寧にやっているだけでは？
・デートでは男性がおごるべき→女性におごってもらったらうれしいかも。

このワークをすることによって、思い込んでいたことを再認識して、それ以外の方法はないか、ほかに考え方はないかと思いを巡らすことができます。このとき、頭のなかで思うだけではなく、書いて文字にすることがポイント。しっかり整理することができ、自分のなかの「すべき」を1個1個外していく作業になります。どうしても固定観念にとらわれてしまう人は、これが意外なほどに特効薬の役目を果たしてくれます。

また、思い込みとは違いますが、怖がらないことも大切です。
日本人は、「英語をしゃべれますか？」と聞かれると、多くの人が「しゃべれません」と言います。でも少なくとも、義務教育のなかで多少は英語を勉強してきた人がほとんどですから、まったくしゃべれないということはないはずです。

海外の人からすると、中学英語くらいできれば、「しゃべれます」と言ってしまえるレベルなのに、日本人は「しゃべれない」と言ってしまう。つまり完璧主義すぎて、「自分はこれができるんです」と言えなくなってしまうのです。

何かの知識でも「いや、私なんかこの程度ですから、知っているなんて言えないですよ」などと謙遜することになってしまうのですが、ちょっとその世界を知っている、かじったことがある程度のことでも「知っています」「できます」と言っていいし、謙遜したらもったいない、そういう時代になってきたと感じています。

風の時代だからこそ、「仕事ができる風」「英語がしゃべれる外国人風」みたいな「○○風」の軽いキャラもありですし、それを口に出すことを怖がらないほうがうまくいきます。

ここ10年くらいの僕自身を振り返ってみても、「これしかできない」と決めてやってきたわけではありません。打ち合わせで「占いができますよ」「怖い話が好きなんですよ」「パワースポットも知っています」なんて話していたら、そういった仕事が来るようになって、犬を飼って「犬ってかわいいな」とかわいがっていたら、犬のペットサロンの話があって、それがまた次につながって……。

そういう軽やかさがある人が、風に乗って飛躍できるのが、風の時代なのだと思います。

「自分が知らない自分」にどんどん出会おう

❻「組織」ではなく「個」で勝負する

芸能界も、かつては事務所に所属してデビューというルートが主流でしたが、今はフワちゃんに代表されるように、ＳＮＳなどで話題になってテレビに出るようになるといった新しい流れができています。

逆にいうと、大きな組織や一流企業に所属していれば一生安泰とはいえない時代です。むしろ大きな組織に所属しているからこそ切り捨てられることも出てくるかもしれません。

YouTubeをやったりブログに文章を書いたり、といったことが簡単にできるようになったのはもちろん、２０２１年には、Clubhouseなどの音声ＳＮＳアプリも話題になりました。

これからは個人でいろいろなことを発信していける時代です。

ＳＮＳはテレビよりも距離が近く感じられるせいか、親しみを持って観てくれる人が多いため、1人ひとりへの発信力が強く、深く刺さるような気がします。テレビによく出ているから人気者、という時代ではなくなってきているのを僕もヒシヒシと感じています。

僕のような者でも街を歩いていると声をかけていただくことがありますが、そういうときは「あ、手相の人だ」などと言われます。これは以前からよくあったことなのですが、最近では若い子からは「YouTube観てます」と言われることが増えました。

個で発信するメディアの可能性は計り知れないな、と思ったエピソードがあります。

サッカーの本田圭佑さんがCEOを務める会社が運営にかかわっている「Now Voice」という音声サービスがあります。一流アスリートやタレントの方などが普通に話しているのを音声で聞けるサービスで、僕も参加させてもらっています。

そこで先日、本田さんがポルトガルから生配信をやっていて、そこに同じくサッカー選手の乾貴士さん（当時スペイン在住）が参加されているのを、僕も聞いていました。

2人はサッカーの話で盛り上がるかと思いきや、全然サッカーの話なんかしません。誰が変人だとか、ご飯を食べるときに〝ぼっち〟になってしまうとか、エアコンがぶっ壊れた話とか、裏話をたくさんしてくれるのです。そこで本田さんが「あ、ちょっと話したい人がいる」と僕を呼んでくれて、途中から参加することになりました。すると「島田さんってUFO好きなんですよね、僕も好きなんです」と言われて、3人でUFOの話で盛り上がってしまいました。

何気なく書いていますが、これ、すごいことだと思いませんか？「ポルトガルとスペインと日本の3箇所で、一流サッカー選手と僕が、UFOの話をしている」のです！

もしこれをテレビ番組で企画したら、それぞれのスケジュールを調整して、代理店が入って、来日の手配をして、台本をつくってリハーサルをして……とたちまち大がかりになるはずです。本田さんと乾さんを呼んでおいて、「UFOの話をしてください」という番組などもあり得ないですし、そもそも実現不可能です。すごいことがいとも簡単にできる時代になったな、と思った出来事でした。

一方で、ＳＮＳは誰でも発信できる分、炎上などにも注意が必要です。僕も自分のYouTubeで良かれと思って言った言葉に批判のコメントが付いてしまうことがありました。簡単に発信できる分、ひと言ひと言が本当に難しくなってきていることを感じます。

「すみません、間違えました」と取り消そうとしても、情報が伝わるスピードが速すぎて、火を消す前に先に炎が広がっていってしまう。風が吹けば炎は燃え上がりやすいのです。これが、数少ない風の時代のデメリットといえるかもしれません。

「個」の強みを活かせる人がうまくいく

❼ お金は「貯める」よりも「回す」

土の時代はお金を稼ぐこと、貯めることが重視されていました。しかし風の時代はお金の使い方がポイントになってきます。

土は「動かさないこと＝そこに貯めておくこと」が大切とされていましたが、風は「動かすこと＝貯め込まないで使うこと」が大切なのです。上手に使って回していくから、次のお金が入ってくるのです。

実際、お金の稼ぎ方よりも、お金の使い方にこそ、人間性が出るのではないでしょうか。「お金は天下の回りもの」といいますからね。

銭（お金）を洗うと何倍にも増えて戻ってくるといわれる「銭洗弁天《ぜにあらいべんてん》」。鎌倉にある銭洗弁財天宇賀福《うがふく》神社は有名ですが、そこで洗ったお金をみなさんはどうしていますか。

大切にしまったり、お守りにしてお財布のなかに入れたりしている人も多いようですが、実はこれも、すぐに使ったほうがいいといわれています。

お金には、欲などの穢《けが》れがこびりついていますが、巡り巡って自分のところに来たときに、それを洗い流すことで自分の欲や穢れも落とし、次に回すことで徳が上がるのです。つまり、自分のところにお金が来たら、美しくしてから世の中に回していく。こうすることで金運が上がるというのが、銭洗弁天の本来の意味になります。

もう1つ、鎌倉に東勝寺橋というパワースポットがあります。そこにこんなエピソードがあります。

かつて北条時頼に仕えていたとされるある武将が、東勝寺橋から滑川に10文銭を落としてしまいました。

夜だったため、落としたお金が見つかりません。そこで家来に50文を渡し、「このお金で松明《たいまつ》を買ってきなさい」と言って50文の松明を買ってこさせ、お金を捜させたのです。

そのとき武将は家来に、「落とした10文のお金を捜すのに50文の松明を買うとは、損ではないですか」と問われました。

そこで武将はこう答えました。

「銭がそのまま川のなかにあったのでは、永久に使われることはない。それよりも、50文で松明を買えば落とした10文は返ってくるし、松明を売った商人も儲かる」

この豪快な武将のエピソードから、東勝寺橋は商売繁盛のパワースポットといわれています。つまり、その場の損得ではなく、お金の流れがよくなることで世の中の流れもよくするということなのです。

同じ「使う」なら、なんとなく使ったり、無駄遣いをしたりするのではなく、「使ってよかった」と思う使い方をしたいものです。僕はよくこれを「生き金」「死に金」といっています。

例えば気の進まない飲み会。いやいや参加したら飲んだお金は「死に金」になりますが、どうせ参加するなら積極的にいろいろな人と話して楽しもうと思えれば、「生き金」になります。どうせ使うなら「生き金」として使い、「生き金」として役割を果たしたお金が世の中に巡ってほしいですよね。

風の時代は「目に見えないもの」が重視される時代なので、ブランドバッグや服のような「目に見えるもの」を買うよりも、資格を取る、習い事に使う、旅行に行くといった使い方に変わっていくようになるかもしれません。

これもまた、上手な「生き金」の使い方ではないでしょうか。

お金が喜ぶ使い方をする人にツキがくる

❽ 運のいい「5人」とつきあう

運がいい人の近くにいると、自分の運気を上げられるといいます。

土の時代では、自分が一国一城の主《あるじ》であり、戦って勝つことが大事でした。一方、風の時代では1人ひとりの個を大切にしつつ、協力する、シェアすることが大切です。

よく、「自分の近くにいる5人の平均が自分になる」といわれます。ですから、ネガティブな人ばかりが身近にいる人は、自分もネガティブになります。それを考えれば、運のいい人の近くにいれば自分も運が良くなるというのは当然の話です。自分より向上心がある人や、優秀な人、人格が素晴らしい人のなかにいれば、自分も引き上げられますよね。

居心地のいい、ラクな人とつきあうのもいいですが、やはり運気アップにはそれだけではもったいない気がします。

自分の周囲でお互いに尊敬できる人、刺激できる5人の人とつきあうことで、自分を磨いていきましょう。

つきあう人たちは、自分にとって損か得かで選ばないほうがいいでしょう。1章でお話しした「縦移動ではなく横移動」で、会社などの上下関係のなかではなく、横に広いつながりから選ぶのがおすすめです。趣味やママ友・パパ友、近所の人など、いろいろな場所の人とつきあうと、世界が広がるでしょう。

手相では、基本の線として「金運線」というものがあります。これがはっきり

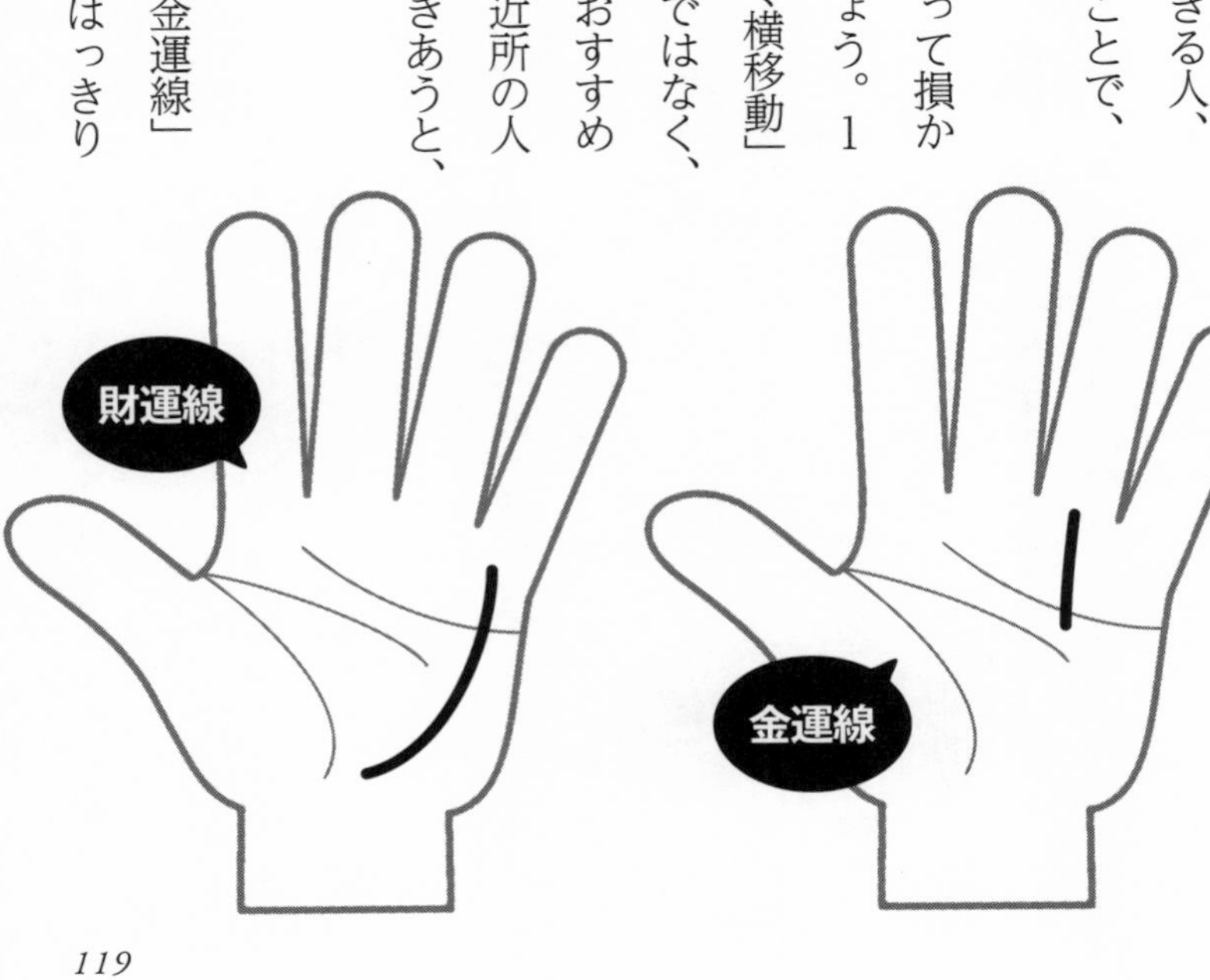

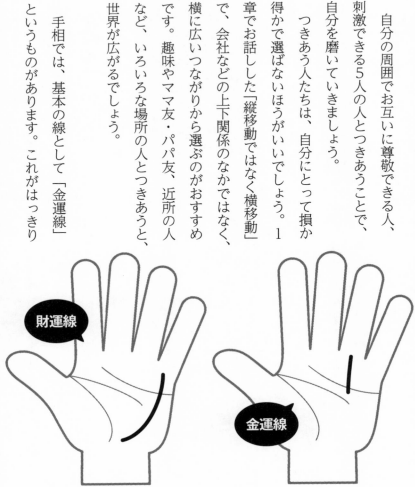

くっきりしていたら金運があるということになりますが、それとは別に「財運線」という線があります。

では金運線と財運線は何が違うかというと、金運線が「お金を生み出す力がある」があるのに対して、財運線は「お金を貯めて増やす力」があるということになります。

つまり、財運線がくっきり入っている人は、将来的に一財を成す、お金をもっと増やせる力があるのです。

ちなみに財運線は、小指の下から内側にスーッと斜めに入っている線です。

実は、財運線はかつて「健康線」と呼ばれていました。

「体が資本」とよくいわれますが、今ほど医療が発達していない時代では、健康であることは重要でした。結局元気で長生きをしている人が、一族の財産を守れたのです。そこで健康な人がいつの間にか財運があるとされたのでしょう。

ときどき、お金は全然持っていないけれど、すごい人脈があったり、いい友人がいたりする人にくっきりとした財運線がある人がいます。

その理由を僕なりに述べると、「人材」は「人財」とも書くように、人も大きな財産だということです。

だから、いい人間関係を持っている人、いい人に囲まれている人も、財運があるといえるのです。

どんな時代も、力になってくれるのは「人」

❾ 物も人も「風通しをよくする」

風水などではよく、どこの方角にどんなものを置くといいなどと言われることがありますが、物の置き方よりも大切なことがあります。

実は風水で一番大切なことは、きれいにして風通しをよくすることです。これが基本中の基本です。

具体的には、「掃除と換気をすること」です。

今、コロナ禍で換気の重要性が叫ばれていますが、風水的にも運気を上げる行動なのです。

なぜ換気＝風通しをよくすることが大事かというと、何をするにも滞《とどこお》ってしまうことが一番よくないからです。水でも、空気でも、人でも、組織でも、滞るとよどんできます。常に循環させる必要があるということです。

「換気」をするためには、風が入ってくる場所と出ていく場所の2箇所が必要です。

これは言い換えれば、「来る者拒まず、去る者追わず」ということ。柔軟に受け入れること、そして執着せず手放すことです。

また意識的に「新しい風を入れる」ことにもつながります。漫然と過ごすのではなく、躊躇《ちゅうちょ》せず、怖がらないで新しい風を入れて、刺激を受けることも必要なのではないでしょうか。

よくいい職場をあらわす言葉として「風通しがいい」という表現がありますが、まさにその通り。雰囲気が悪い会社は、換気をしていないかどうかにかかわらず、感覚的にどんよりしていますし、停滞している感じがします。

流れのない池や沼はよどむことがありますが、流れ続ける川はきれいで澄んでいます。

一方で、風の時代は人との絆、つながりが大切になってきます。

コロナ禍では、人の流れを止めようとして、さまざまな対策が取られました。

もちろん感染予防のためには必要なことですが、流れを止めることで人間関係の絆が弱まることのないようにしたいものです。

今はたとえ家にいても、オンラインを使って世界中の人と瞬時につながることができます。コロナ禍では「オンライン飲み会」なども流行りましたが、物理的な距離は離れていても、心の距離を近づけることはできるのではないでしょうか。

新しい運は、新しい風に乗ってやってくる

⑩「いい風を吹かせる」自分になる

「いい風が吹いてきた」という言葉もありますが、風の時代は「自分でいい風を吹かせる」、つまり、いつも自分を機嫌よくしておくことが大切です。

自分が気持ちのいいことをするのもその1つです。

僕は友人の結婚式の司会や、新郎新婦の手相占いをお願いされたとき、余興やVTRで手相占いをやったときなどは、絶対に謝礼を受け取らないと決めています。

それからイベントなどに出演したとき、イベントの出演料はいただきますが、終わった後に個人的に手相を見てほしいと言われたときや、後輩のYouTubeに出演したときなども、謝礼はいただかないようにしています。

これは僕が今よりもずっと売れていなくて、お金がなかった頃から頑《かたく》なに守っていることです。

結婚というお祝い事だから僕の手相で少しでも盛り上がってくれたらうれしい、イベントの仕事にかかわってくれた人が喜んでくれたらうれしい、後輩の仕事を少しでも応援できたらうれしい、〝その人のために〟、そんな気持ちからだったのですが、改めて考えてみると〝自分が気持ちがいいから〟だということに気づきました。

お金よりも自分の気持ちをケチらずに惜しみなく与えるということ。そうすることで、自分がいい気分になり、自分にいい風を吹かせることにつながります。自分にいい風を吹かせれば、巡り巡ってまわりにもいい風が吹いてきます。

「〝あなたのために〟という言葉は、いついかなるときも美しくない」といわれることがあります。

例えば自分の子どもに向かって「勉強しなさい」という親が、「あなたのためを思って言っているのよ」と言ったり、後輩に「お前の将来を思って言っているんだぞ」と言ったり。それは、子どもや後輩のためを思っているようで、親としては子どもが勉強してくれたほうがラクだからですし、先輩としては後輩にアドバイスをすることで「ここまでしてあげているんだから」と自分の意思を押し付けていることになります。つまりは、自分がラクになるため、自分が過ごしやすくなるためなのです。

〝あなたのために〟が口癖の人は、それが叶わなかったときに、期待が恨みに変わってしまいます。

人は自分の期待通りにはなりません。その結果、〝自分が不機嫌〟になってしまい、自分にいい風は吹いてこなくなってしまいます。

いつでも自分にいい風を吹かせることができる人は、人にもいい風を送ることができます。そんなふうに僕も、いい風を吹かせ続ける人でありたいと思っています。

自分からプラスのエネルギーを発信していこう

コラム

タイプ別「風の時代」開運法

1章でも述べましたが、西洋占星術でよく使われる12星座は「火・土・風・水」という4つのエレメントに分けられます。

・火のエレメント：牡羊座・獅子座・射手座
・土のエレメント：牡牛座・乙女座・山羊座
・風のエレメント：双子座・天秤座・水瓶座
・水のエレメント：蟹座・蠍座・魚座

ここでは自分の星座（太陽星座）が属しているエレメント別に、風の時代に開運するヒントを簡単にお伝えします。

【火のエレメント（牡羊座・獅子座・射手座）】

火は風によって燃え上がることからわかるように、吹いてくる風が「いい風」かどうかということがとても大事になってきます。

ですからつきあう仲間やコミュニティーをきちんと吟味することが大事です。自分のやる気を奮い立たせてくれるような「いい風」ならいいのですが、逆に、何かテンションが下がる、あるいはあの人といると疲れる（エナジーバンパイヤのような存在の人など）という場合には、距離を置くようにしましょう。

物事に対して、燃え上がるような情熱を持っていますし、興味があることはどんどんやっていきたいタイプなので、束縛されるような関係もNG。自分の好きなように自由にふるまえる関係のなかで魅力を発揮できるので、そういったコミュニティーや職場、仲間を選びましょう。

【土のエレメント（牡牛座・乙女座・山羊座）】

風の時代の前は、まさに土の時代でした。ですから、風の時代に適応するのにやや時間がかかるかもしれません。でもしっかりと意識を切り替えれば大丈夫。

今まで「これはこういうもの」「こうするべき」「これが正しい」という考え方にとらわれがちだった人は、意識を変えないとこれからの時代は苦しくなります。

同時に、土のエレメントの人は、その真面目さが魅力でもあります。真面目さ、ひたむきさは残しつつ、これからは100点を目指していたところを60点でよしとしましょう。

先にも触れましたが、「まあ、いっか」「そういう考え方（やり方）もあるんだ」を口癖にして自分の間口を広げていくと、風の時代も楽しく生きていくことができます。

【風のエレメント（双子座・天秤座・水瓶座）】

風のエレメントの人は、まさに「自分の時代が来た！」という感じではないでしょうか。

風の時代は「好奇心」がキーワード。風のエレメントの人は、風のようにとどまるところを知らない好奇心を持っています。ただ、風のようにつかみどころがない面もあり、気づくと好奇心の赴《おもむ》くままにどこかにフッと行ってしまうところもあります。それが魅力でもあります。

これからは遠慮しないで自分の心の声に素直にしたがうようにしましょう。「人のため」ではなく、自分を満たし、自分が幸せになることを一番に考えて行動すること。これは、自己中心的とか、わがままということではありません。あなたが素直にふるまうことで周囲の人を幸せにしていくことができるのです。

【水のエレメント（蟹座・蠍座・魚座）】

水と風は、言ってみればいとこのような関係性です。どちらも形がない、とどまるところがない、どんなところにも行けるという共通点があります。

水のエレメントの人は感受性が強く、スピリチュアルにも親和性が高いので、占いやスピリチュアルが好きな人も多いでしょう。

コラム

分け隔てなく人と交われるのも魅力で、天性のコミュニケーション能力を持っています。人との絆も大切にするので、風の時代は今までかかわらなかった人と交流すると運気がアップします。例えば異業種交流会や、新しいコミュニティーに顔を出す、習い事をはじめるなどもおすすめです。

水はその性質の通り1箇所にとどまるとよどみ、腐ってしまいます。同じ仕事の繰り返し、マンネリの関係のままでは、あなたの魅力や能力は発揮しづらいでしょう。新鮮な水が流れ続けるように、常に行動し、新しい刺激を受けることを意識するのがおすすめです。

4章

「風」をつかまえて強運になる

――開運の上昇気流に乗る方法

どんな時代でも「強運」な人の絶対条件

読者のみなさんに少しでも開運していただきたい。運気をアップしていただきたい。

そこでこの章では、どんな時代でも強運な人の共通点、強運の極意を伝えていきます。土の時代、風の時代といった時代を問わず、強運な人、運がいい人には、4つの共通点があります。

どれもすぐにできるものばかりなので、ぜひ今日から実践してみてください。

強運な人の特徴は4つです。

1　フットワークが軽い
2　「自分は運がいい」と信じる
3　新しい経験を喜んで受け入れる
4　直感を信じる

以下、順番に説明していきましょう。

1 フットワークが軽い

僕がいつも言っていることですが、「運＝運ぶ」ということです。運は待っていても来ません。運がいい人の特徴は、いろいろな場所に足を運ぶ、フットワークがいいことです。これが運がいい人の第一条件になります。

フットワークの軽さ＝ノリの良さでもあります。いいと思ったことはすぐやってみる、この行動力、ノリの良さです。

僕はよく共演者の方に、おすすめのパワースポットや風水などをもとにした運気アップの行動をお伝えすることがあります。みなさん関心を持って聞いてくださって「へえ、今度行ってみるよ」「本当？　やってみよう」などとおっしゃいます。

すると、うまくいっている人ほど、次に会ったときに「島田くん、行ってきたよー」と言ってくれたり、メールなどで「めちゃくちゃよかったよー」と写真付きで送ってくれたり、ご自身のSNSで「パワースポット行ってきました！」とアップしてくれたりしています。休む暇もないほど忙しい売れっ子であってもそうなのです。

逆に、そうでない人は次に会ったときに「行きたいと思っているんだけど、まだ行けてないんだよね。バタバタしてて……」と言ったりします（ちなみに〝バタバタしてて〟は運気を下げるNGワードですから要注意です！）。

フットワークの軽さで一番驚いたのが、人気タレントのSさんです。

東京都の明治神宮に「清正井《きよまさのいど》（清正の井戸）」という、今ではとても有名なパワースポットがあります。当時はまだ、それほど知られていませんでしたが、Sさんとお仕事をご一緒したときに「清正井っていうパワースポットがあるんですよ。朝早くお参りするととてもいいんですよ」とお話ししたのです。Sさんは興味津々で「絶対行こう！」とおっしゃっていました。

その翌日、テレビをつけるとSさんが生番組に出演されていました。するとSさんがこう言うではありませんか。

「今日ね、朝早起きして母と明治神宮の『清正井』っていうパワースポットに行ってきたんです」

「え、マジか！」と思いました。寝る時間もないほど忙しいはずなのに、生放送の前に行ってしまうほどの行動力。やっぱり運がいい人は違うなと実感しました。すぐ行動するスピード感、これが風の時代には重要になってきます。

新型コロナウイルスの影響で、しばらくは動きづらい毎日が続くかもしれませんが、物理的にそれができない今はオンラインなどを使いこなして、いろいろな経験をして、いろいろな人とつながることが、開運アクションにつながります。

2「自分は運がいい」と信じる

これも、運がいい人の条件です。

よく「自分は運だけでここまできたんですよ」と謙遜する方がいます。本当はすごく努力しているのに、「自分は運だけはいいんですよ」と根拠なく口癖のように言う人もいます。

実は根拠がなくても、このように信じている人が「運がいい」のです。

松下電器（現・パナソニック）の創業者、松下幸之助氏の有名な面接でのエピソードがあります。松下氏は採用面接の際、必ずこのような質問をしたそうです。

「あなたは、『自分は運がいい』と思いますか？」

この答えに「はい」と答えた人を採用していたというのです。なぜだと思いますか？

それは、「自分は運がいい」と思っている人は、今の自分があるのはまわりの人のおかげ、人や時の運に恵まれてきたおかげだという感謝があるからです。裏を返せば、今の自分があるのは運などではなく、自分の努力の賜物《たまもの》である、とおごり高ぶることがないということです。

感謝の念がある人は、周囲の人に感謝しつつ、謙虚に一生懸命仕事に取り組むようになるでしょう。そして、自分が成功したときには、今度はまわりの人や世間、後輩たちに恩返ししようと思うようになるはずです。たとえ失敗することがあったとしても、基本的に自分は運がいいと思っているので、「今回は運がなかったな」と気持ちを切り替えることができます。

一方、自分の力だけでここまでやってきたと思っている人は、いざうまくいったときにおごり高ぶる気持ちが出てくるのはもちろん、まわりの人たちに還元する気持ちも少なくなってしまうのではないでしょうか。

またこのような人が失敗したときは、今度は「自分はダメだ」と責め、立ち直るのに時間がかかってしまうでしょう。良くも悪くも、非常に危ういのです。

もう1つ、松下氏の興味深いエピソードがあります。

松下氏は小さい頃、自転車に乗っていたら車にはねられ、自転車ごと電車の線路に放り出されてしまったそうです。そのとき電車が走ってきて、「轢《ひ》かれる！」

というすんでのところで電車が止まり、命拾いしたというのです。

普通だったら「ああ怖かった、自分はなんて運が悪いんだ、もう自転車なんて乗らない」と思ってもおかしくない出来事ですよね。でも松下氏は、「電車が止まって死なずにすんだ。自分はなんて運がいいんだろう」と思ったそうです。そして翌日からまた、自転車に乗り続けました。

これ以外にも、ある夏に海に落ちてしまって溺《おぼ》れて死にかけたのですが、間一髪、助けてもらったことがあったそうです。そのときも「夏だから助かった。これが冬だったら心臓麻痺《まひ》で死んでいた。なんて運がいいんだろう」と思ったのだとか。

つまり松下氏自身が、「自分は強運の持ち主だ」と信じ切っていたのですね。

あなたなら、自分は運がいいと思っている人と、運が悪いと思っている人、どちらを応援したくなりますか？　どちらが魅力的ですか？

「自分は運がいい」と思う気持ちは、自分を信じる気持ちにつながります。自分は運がいいと信じられる人は、〝自分を信じることができる人〟なのです。

自分は運が悪いと思っている人は、例えば今すごくいいことが起きても、「次は悪いことが起きるかもしれない」と思ってしまう傾向があります。せっかく上り調子なのに「こんないいことが続くわけがない」と思って、ブレーキをかけてしまうのです。とてももったいないことです。

運がいいと思っている人は、自分を信じ、幸運を信じてさらに上に上がっていける人。だから運気も上がっていくのです。

3 新しい経験を喜んで受け入れる

1でお伝えした「フットワークの軽さ」にも通じることですが、運がいい人は、「これをやってみるといいよ」というものは、とりあえずやってみようと考えます。

これは好奇心の強さにもつながるもので、いいと思ったものを取り入れ、素直にやってみることは、風の時代には必要な能力ともいえます。何かをはじめるのに二の足を踏むのではなく、「新しい経験こそありがたい」「やってみよう」「やりたい」という気持ちはとても大切です。

3章で、生きているあいだにどれだけ「新しい経験」をしたかがポイントになるという話をしましたが、新しい経験を怖がらずに素直に受け入れた人は、死後の世界でもきっと運がいいのでしょう。

僕は本や動画などで開運の方法などをお伝えしていますが、「やってみました」「こんなことがありました」とすぐに報告してくれる方もいます。

一方で、「こんなことくらいで開運するの？」「これで開運したら苦労しないよ」などという人や、素直にやってみようとしない人もいます。

開運にまったく関心のない人はいいとして、開運したいと思っているのに、やらないのはもったいない。特別にお金がかかるものならともかく、ただでできるものなら、まずはやってみる。これが結局は開運のポイントになるのです。

これもＮＳＣ（吉本総合芸能学院）でたくさんの生徒を見てきた講師の方に聞

いた話ですが、売れる芸人のポイントはただ1つだといいます。

それが「ピュアな人」。

つまり、芸人でいえば「うれしいです」「うわー、怖い!」「えー、すごい!!」などといったような、素直な反応をする人だそうです。物事を斜めから見るのではなく、思った通りの反応を素直に出す人。純粋さが大事なのだといいます。

芸人だから、面白いことをすぐに言える人、人と違った見せ方ができる人のほうがいいのではないかと思われがちですが、そうではなかったのです。

また、モーニング娘。をはじめ、総合エンターテインメントプロデューサーとして活躍されているつんく♂さんは、オーディションをするとき、1つ基準を持っていると聞いたことがあります。

松下氏の面接の質問にも通じますが、つんく♂さんは必ずオーディションに来た人に「おでこを見せて」と言うのだそうです。そのときに「えー」などと言わずに、「わかりました」とさっと素直に見せる人を選ぶという話を聞いて、今の話に通じるなと思ったのです。

つんく♂さんはそれを「ありのままの状態を、すぐにその場で見せられるかどうかを見たい」とおっしゃっていましたが、言われたことをすぐ受け入れてやるというピュアさが必要なのだと思います。

やはり〝素直さ〟は〝運の良さ〟につながるのです。

4 直感を信じる

最後の運がいい人の特徴は、直感を信じることができる人です。

運がいい人は、「ピンと来た」という心の声にとても正直です。そしてそれを疑わずに信じて行動することができます。

運がいい人は、〝目に見えないもの〟とうまくつきあっている人が多いともいえます。

改めて、直感とは何なのでしょうか。

人生は、小さなものから大きなものまで決断の連続です。

例えば、これをやろうかやらないでおこうか、この人と会おうか会わないでおこうかなど、迷ったときや悩んだとき、直感に頼ることはありませんか？

〝直感にしたがって〟ということが難しくてわかりにくい人は、ワクワクする気持ちを持てるほうを選ぶと、強運につながるのではないかと思います。

どちらにワクワクするか。それが直感につながってくるのです。

悩んで考え込みすぎてしまうと、深みにはまってしまうこともあります。そういうときほど初心に帰って、どちらをしたときの自分がワクワクするかという基準で選択すると、いい方向に行けるのではないでしょうか。

吉日にとっておきの開運アクション

日本には昔から吉日といわれる日があります。

例えば「大安」は昔から万事進んでおこなうのに良い日とされ、結婚や旅行などに縁起がいいといわれています。「一粒万倍日《いちりゅうまんばいび》」は、一粒の籾《もみ》が何倍にも実り、立派な稲穂になるという意味から、この日に何か新しいことをはじめると何倍にもなるため、運気がアップするといわれています。

さらに「天赦日《てんしゃび》」は、天がすべての罪を赦《ゆる》す、最高の吉日といわれ、この日にはじめたことはすべて叶うとされています。「一粒万倍日」と「天赦日」が重なる日も年間数日あり、最高の開運日といわれています。このような吉日には、財布をおろしたり、習い事をはじめたり、入籍したり、何をするにもいいといわれています。

しかし、吉日に一番簡単にできる開運アクションは何かというと、実は「お金を使う＝買い物をする」ことなのです。

吉日に会社を興すとか、プロポーズするとか、習い事をはじめるなどといったことは準備が必要ですし、簡単にできることではありません。でもお金を使うことならすぐできますね。

ただしお金を使えば何でもいいというわけではありません。

先ほどもお話ししたように、「運＝運ぶ」ものなので、自分がいろいろな場所に足を運べるようなものを買うといいでしょう。

例えば、自転車、バイク、車などです。

バイクや車は高額だという場合は、靴もおすすめです。吉日に靴をおろすのはもっとも簡単にできる開運アクションです。靴や自転車など、〝自分が動く〟ものの象徴となるものは、自分を素敵な場所に運んでくれて、結果自分のところにお金を運んできてくれるといわれています。

さらに吉日にとるべき開運アクションを、上げたい運気別に細かくお伝えすると、以下のようになります。

・仕事運：スケジュール帳、ネクタイ、スマホ、パソコン、バッグなどを買う
・恋愛運：化粧品、洋服などを買う。美容院に行く
・健康運：ダイエットグッズ、健康器具などを買う。ダイエットをはじめる
・金運：財布を買う

先ほど、「生き金」と「死に金」のお話をしました。開運のために使うお金は、まさに「使ってよかった」と思える「生き金」です。

お金だって、いい使い方をしてくれる人が好きなのです。ですから、買うときは気持ちよく使うことも大切です。

「風通しのいい家」は運気も上がる

おうち時間が増えた今、家庭が快適な場所であることも、開運の大きなポイントです。

そこで、〝運気をアップする家〟のつくり方をお伝えします。

大切なポイントは、本書でもすでにお伝えしたように、風通しがよくきれいであること。つまり「換気」と「掃除」です。

きれいにしておきたいポイントとなる場所は3箇所あります。それが、玄関、水まわり、北東です。順番に説明していきましょう。

【玄関】

玄関はいい運気が入ってくる場所です。ここが汚いと、いい運気が入りづらくなります。

履かない靴がたたきに置いてある場合はしまいましょう。靴が散乱している玄関では、良い気も入りづらくなってしまいます。たたきはぞうきんで水拭きして、いつもきれいにしておきましょう。

【水まわり】

水まわりとは、キッチン、お風呂、トイレ、洗面所を指します。

水まわりは悪い運気が流れ出て行く場所なので、ここが汚れていると悪い運気がたまってしまいます。

なかでも、とくに金運アップのポイントとなる場所はトイレです。

よく言われていることですが、トイレをきれいにしておくと金運が上がります。

トイレ掃除というと、みなさんとにかく便器をきれいにしなければと思いがちです。もちろん便器をきれいにすることは大切ですが、実はトイレの神様は上のほうにいるという話があります。ですからトイレの天井や換気扇もきれいにするのを忘れないでください。

【北東】

北東は風水で鬼門《きもん》といわれています。鬼門とは、鬼（邪気）が出入りする悪い方角。

ここが汚れていると悪い気が増幅してしまいます。

今、ほとんどのスマホには方位磁石（コンパス）のアプリが入っているので、家の真ん中に立ち、北東の方角を調べましょう。そして北東に位置する部屋や場所を徹底的にきれいにしてください。

やらないともったいない！ 4つのおうち開運術

掃除や換気で家中をきれいにしたら、今度は家でできる4つの開運術をご紹介します。それがこの4つ！

1　玄関に植物を置く
2　トイレに炭を置く
3　冷蔵庫の上に電子レンジを置かない
4　寝る方向を北枕にする

【1　玄関に植物を置く】

玄関に植物を置いておくと悪い運気を吸ってくれるといわれています。まさにフィルター代わりなのです。

よく、引っ越しをして玄関に植物を置いたら枯れてしまったなどという話を聞くことがあります。それは、植物が悪い運気を吸ってくれた証拠なのです。先ほどもお話ししましたが、玄関は「気」の入口なので、いつでもきれいにしておくことをおすすめします。

【2　トイレに炭を置く】

トイレは悪い運気が出て行く場所ですが、炭は悪い運気を吸ってくれるアイテム。脱臭効果もあるので、トイレに置いておくと一石二鳥です。

ついでにお伝えすると、トイレの壁に、カレンダーや時計をかけているお宅をよく見かけますが、これはNG。

風水では悪い運気が出るところに自分のスケジュールがわかるような「カレンダー」や「時計」を置くと、時間に関するミスや失敗が出やすくなるといわれています。例えば、遅刻しやすくなる、ダブルブッキングが増える、予定がキャンセルされるなどです。

カレンダーや時計をトイレに置いている方は、外しておくといいでしょう。

【3　冷蔵庫の上に電子レンジを置かない】

なぜ冷蔵庫の上に電子レンジを置かないほうがいいのか、この理由には諸説あります。

レンジの火の性質と冷蔵庫の水の性質が打ち消し合ってしまうという説。また、食べ物を保管する冷蔵庫の上に密接した状態で、重たいレンジのようなものを置くと、冷蔵庫のなかにある食べ物の運気も下がってしまい、それを食べるから運気も下がる、という説です。

とはいえ、「冷蔵庫の上しか電子レンジを置く場所がない」という人もいるでしょう。その場合、冷蔵庫と電子レンジが直接触れ合わないように工夫をします。あいだにすのこや棚を入れるなどして、通気性をよくするといいでしょう。

【4　寝る方向を北枕にする】

寝る方向は北側がおすすめです。北枕というと、亡くなった方が寝る方向だというイメージありますが、風水では健康運を上げるとされています。

科学的にも北極のほうに頭を向けて寝ると体が休まるといわれています。地球の磁力と人間の磁力が同じ方向を向くからという話もあります。

ちなみに、勉強運や仕事運をアップしたい人は、太陽が上る方角である東枕がいいといわれています。

余談ですが、勉強運、仕事運を風水的に上げるには、山やお城がいいといわれています。山やお城のあるところにわざわざ行くのは大変なので、部屋に山やお城の絵や写真を飾るといいでしょう。山やお城のカレンダーを飾っておくのもおすすめです。

灯台もと暗し！　最強のパワースポットはそばにある

仕事柄、「島田さん、おすすめのパワースポットを教えてください」と聞かれることがよくあります。

実は、誰もが知るメジャーなパワースポットではない、最強のパワースポットがあるのです。

それは氏神様《うじがみさま》。ざっくりいうと自宅の近所の神様です。神社にも管轄があり、Aという地域を守っているのはAの氏神様、Bという地域を守っているのはBの氏神様というように、担当が分かれています。そこに住んでいる僕たちは氏子というわけです。

ただし、気をつけないといけないのは、家の一番近くにある神社が氏神様とは限らないということ。管轄は細かく決まっているので、氏神様を知りたいときは、神社本庁のホームページで居住地の神社庁を調べ、そこに電話をすれば教えてくれます。自分の住所を告げてから、「うちの氏神様はどこですか」と聞いてください。

では、氏神様がなぜ最強なのでしょうか。

伊勢神宮や出雲大社などの誰もが知っている有名な神社ももちろん素晴らしいです。でも、そういった神社は言ってみれば超メジャー級。

人間関係もそうですが、派手で目立つ人ばかりを敬って、一番近くで自分のことを守ってくれている人、思ってくれている人を大事にしない人のことをどう思いますか？　家族や恋人や友人といった一番身近な人を大事にしない人は、それ以上の人間関係が広がっていきません。だから、まずは自分の地域の氏神様を大事にすることが基本なのです。

氏神様は土地の神様ですから、自分の家のことを一番近くで見守ってくれています。ここをおろそかにしない、ということなのです。

いい仕事をしたい、成績を上げたい、あの学校や会社に入りたいという願いがあるときも、大事なのは氏神様です。つまり、現地の近くの氏神様に参拝するといいでしょう。

僕も、いい仕事をしたいときは、所属しているホリプロがある東京都目黒区下目黒の氏神様にもご挨拶しています。

学校や会社の近くにも氏神様がいるので、入社したい会社や入学したい学校の氏神様にご挨拶を欠かさないでください。有名な学問の神様のところに参拝するのももちろんいいですが、「お世話になりたいです」「この会社（学校）に入りたいです」「今後、よろしくお願いいたします」と挨拶に行くようにしてください。

何といっても、面接や試験のときに土地の神様を味方につけていると、すごく心強い。仕事でもその責任者の方に「今日はよろしくお願いします」と挨拶をしますよね。そんな感覚です。きっとパワーがもらえると思います。

それ以外にも、営業の人が「この会社で契約を取りたい」と思うなら、その会社の氏神様に行くのもいいでしょう。


神社に行こうかなと思った日に雨が降っていて、「今度にしようかな」と思う人もいるかもしれません。でもパワースポット日和は、実は雨の日です。雨で浄化され、悩みや迷いや汚れを洗い流してくれる作用があるのです。

参拝する時間帯は午前中がおすすめです。神聖な空気のなかでお参りができるでしょう。

また、本殿に暖簾《のれん》のように幕がかかっているところがありますね。お参りしたときに風が吹いて、幕がふわっとめくれたらラッキーです。

参拝したときに風が吹いてくるといいサインといわれているのです。ですから参拝したときに風を感じたかどうかも少し意識してみてください。

ちなみに自分のほうから追い風で吹いた場合は「願い風」といって、自分の願いが神様に届いたサインで吉兆といわれています。もっといいのが、神様のほうから自分に受ける風、「神風」です。神様がその願いを叶えてくれるサインといわれています。

神社に参拝するときには、最強スポットが「氏神様」、そして「雨の日」「午前中」「お参りの際に風を感じる」、この4つのポイントを覚えておきましょう。

「うん」と即答できる人は「運」がよくなる!

映画『イエスマン』は、「ノー」が口癖だった主人公が、生き方を変えるためにどんなことでも「イエス(うん)」と答えることで、人生が好転していくという物語です。

同じように、頼まれ事や何かを提案されたとき、「いいえ」ではなく「うん」と答えられる人は、「運」を引き寄せられるのではないかと思います。

何かを提案されたときに、否定をしたり、NOを出したりするのではなく、それに乗っかっていく、肯定していくこと。何といっても、「うん(イエス)」=「運」ですからね。言葉が一緒なのも、何か意味があるのかなと思います。

もちろん、本当にやりたくないことや気が進まないことはやる必要はありませんが、迷ったらとりあえずやってみるということが大事なのではないでしょうか。やってみてダメだったらすぐに引き上げればいいだけのことです。

やる前に、言い訳をしたり、ああだこうだと文句をつけたりするのではなく、とりあえずやってみる。「自分には無理だから」「時間がないから」「お金がないから」などと何か言い訳をする暇があったらチャレンジしてみる、新しいことをやってみるようにしましょう。自分がやったことがないようなことを提案されたときこそ、チャンスです。

仕事でもお声がかかったものに乗ってみると、それが次のご縁につながったりすることはよくあります。

本書でもお話ししてきた「新しい経験」をすること、そしてノリがいいこと、フットワークが軽いことにも通じてくる話です。

口で言うほど簡単なことではないのは僕自身も痛感していますが、風の時代に入るこれからはとくに、その姿勢が求められてくるのではないかと思います。

手相をはじめたから、今の自分がある

僕が手相の勉強をはじめたのは、本当に偶然でした。

都市伝説や怪談は好きだったものの、もともと占いに興味があったわけではありません。むしろ、あまり信じないほうでした。

きっかけは15、6年前。あるイベントで「原宿の母」に会い、「あなた、手相を見る目があるから教えてあげる」といわれたことです。正直、占いは信じていなかったのですが、ごはんも食べさせてくれるから行こうかなという軽い気持ちで

した。当時はまだ漫才でやっていこうと思っていたため、それが仕事につながるとは、まったく思っていませんでした。

前項の話にも通じますが、ここで僕が「うん(はい)」と言っていなかったら、今の僕はありませんでした。人とのご縁は本当に不思議なものです。

余談になりますが、手相の面白いところは、手のシワを見るのでその人だけの占いだということです。血液型や誕生日と違い、自分とまったく同じ人がいないのです。

後輩で、双子のお笑い芸人の「ザ・たっち」の手相を見たことがあります。2人は一卵性双生児ですから、当然誕生日も同じ、血液型も同じ、おまけに名前の画数も同じです。DNA、生年月日、画数が同じですから、占い上の結果も同じではないかと思いますよね。

でも2人は性格が全然違います。手相もまったく違っていました。弟のかずや君のほうだけ、人気線があったのです。その話をしたら、まずスタッフさんが驚いてこんなふうに言いました。「すごいですね、弟のかずやのほうにファンレターがよく届くんですよ」と。

同じことを当の2人にも話したところ、兄のたくや君が「島田さん、当たってます。実は弟にだけ、学生時代に彼女がいたんですよ」と言うのです。

そこから、「手相って面白いな」とどんどんハマっていきました。

もう1つ、手相は信憑性《しんぴょうせい》が高いと思った理由があります。

人間が進化できた理由は、手を器用に使って道具をつくることができたからとよくいわれます。手指は脳との関係も深いといわれていますし、その手の動きや癖が手のシワ＝手相につながっていったのです。

例えば何年もの間、毎日ハサミを使っている美容師さんと、毎日ピアノを弾いているピアニストでは、手のシワも違っているはずです。

ということは、ある人の手に、美容師さんたちによく見られるシワ=手相があれば、その人は美容師に向いているのではないか。あるいは、ピアニストたちに共通して見られる手相があれば、ピアノと同じような手の動かし方をする何かの素質があるのではないか——これが、そもそもの手相のはじまりだったのです。

美容師やピアニストはあくまでも例で、これがすべての手相につながってきます。先ほどの例でいえば、人気線がある人は、人気を招くような素敵な手の動かし方をしていたのかもしれない、ということになります。

一流アスリートの手相を見たときも、同じでした。一流アスリートだから生命線がすごいのかなと予想して見せていただくと、意外にも「オタク線」が共通して入っていました。

オタク線とは、小指の側、手首側の手の甲から側面を通って手のひらまで続いている線です。集中力があり、好きなことをとことん突き詰めていく能力が高く、研究熱心な人に多く見られます。ある野球選手にそれを伝えると、「それはそうですよ。だって僕、野球のことばかり考えていますから。誰よりも野球が好きだっていう自信があります」とおっしゃっていました。野球の能力が優れている人は野球オタクだった、というわけです。

そう思うと、一流のアスリートになる秘訣は、もしかすると運動神経よりもそのスポーツや競技を一番好きになれるかどうかなのかもしれないと思います。手相から逆に気付かせてもらえることも多いのです。

「恩送り」で、受けた恩を循環していく

運がいい人は、人とのご縁にも恵まれています。

僕は本当にまわりの人とのご縁に恵まれていると思います。

先輩に恵まれているから今の僕がいるというエピソードはたくさんあります。

先ほども和田アキ子さんの話をしましたが、和田アキ子さん以外にも、僕のとても大事なときに素敵な言葉をかけて手を差し伸べてくれ、今の僕を導いてくださった人がいます。

その1人がスピードワゴンの小沢一敬《かずひろ》さんです。

僕がコンビを解散して、どうしようかというときにスピードワゴンの単独ライブがありました。そのとき小沢さんが、「島田、ピンになって暇だろうからそのMCやってよ」と声をかけてくれたのです。

単独ライブの稽古を見に行ったときに、気分転換になったらいいなと思って小沢さんに「こんな話、知ってます?」と都市伝説を話したら、小沢さんがすごく面白がってくれました。その話を、小沢さんが当時のレギュラー番組で一緒だった浅草キッドの水道橋博士さんに休憩時間に話したのです。それを面白がった水道橋博士さんが、自分のやっている深夜番組に来て話してよ、と小沢さんに頼みました。

普通ならそこで「やります」と言うでしょう。ところが、小沢さんは違いました。

「すみません、この話、うちの後輩の島田秀平がしてくれた話なんですよ。僕を出すんだったらそいつを出してください。ほかにもいっぱい面白い話を持っているんで、お願いします」

と言ってくださったのです。そして深夜番組のスタッフさんが僕の事務所に話を聞きに来てくれることになりました。

スタッフさんと打ち合わせをしたあと、ついでに手相の話もして、「これがエロ線、これがKY線、これが不思議ちゃん線っていうんですよ」などと話したら、「おもしろいね、都市伝説もいいけど、今度手相で番組出てよ」と言われたのです。そこではじめてテレビで手相を披露する機会をもらいました。それ以来、何度も呼んでいただいたことが今につながっています。

小沢さんに「このご恩は忘れません」というと、「覚えてねえよ、そんな話」と照れて言われますが、とても優しい先輩です。

もう1人がさまぁ～ずの三村マサカズさん。

僕が手相の仕事をいただけるようになってから、はじめて手相芸人としてピンで舞台に立つことになったときのこと。ホリプロの大きなお笑いライブで、その司会がさまぁ～ずさんでした。

それまではコンビでやっていたので、1人で舞台に立つのがめちゃくちゃ怖くて、緊張してブルブルふるえていたら、三村さんが「おい、緊張してんの?」とそばにやって来ました。

僕が黙ってふるえていると、「なんだよ、わかったよ」と急にポケットからしわくちゃの1000円札を出し、こう言ったのです。

「お前にお小遣いやるよ、がんばってこいよ」

「何で本番直前にお小遣い? しかもしわくちゃの1000円札?」と思いつつもとてもありがたく、先輩なりの心遣いなんだなと気持ちもラクになって、本番は緊張せずうまくいきました。

その後の打ち上げで三村さんのところに行って「さっきはありがとうございました。1000円札お返しします」と言ったら「その1000円札、これからピンでがんばっていくっていうお前への俺からの声援（1000円）だよ。いらねえよ」。

ダジャレですね。そして「それ、俺に返すんじゃなくて、今度舞台袖で緊張している後輩がいたらそいつにお前が渡してやれよ」と言うのです。すごく格好いいなと思いました。

僕も一人前になって舞台袖で後輩に渡してあげたいと思うのですが、いまだに緊張しいなので、その1000円札は家にお守り代わりとして大事に大事に保管しています。

最後に三村さんがこう言いました。

「おい島田、この話、いろんな人に話していいからな」

普通は照れ臭いから話すなよと言うと思うのですが、ここがまた三村さんらしいですね。本当に尊敬できる先輩です。

恩を受けた人に返すことを「恩返し」、別の人に返すことを「恩送り」といいますが、僕も受けた恩をどんどん後輩に返していけるような人間になりたいなと思っています。

「風の時代」のコミュニケーションの極意

風の時代には、今まで以上に人とのつながりが大切になってきます。

よく「人と話すのが苦手です」とおっしゃる方がいますが、話し上手になるためには、聞き上手になることが必要です。話し上手になりたいのに矛盾していると思うかもしれませんが、「一番の話し上手は聞き上手」なのです。

会話のことを〝言葉のキャッチボール〟というように、会話は投げるだけではダメなのです。相手から来た話を受け取って、また相手が受け取りやすいようなボールを投げることが大事になります。テレビの名司会者もどんな球が来ても受け止めますよね。だから、話すことをがんばる前に、聞き上手を目指しましょう。

具体的にどうすれば聞き上手になれるのかというと、とにかくただ一生懸命話を聞くこと。人は誰でも、自分の話を聞いてもらいたいものです。自分の話を一生懸命聞いてくれる人に、人は「また会いたいな」と思うのです。

ではどういうふうにすると、相手が気持ちよく話してくれるのか。方法は４つあります。

1　鼻を見る
2　呼吸を合わせる
3「でも」を使わない
4　あいづち

1 鼻を見る

話を聞くときは、相手の「目を見て」とよくいわれますが、ずっと見られていると圧迫感を与えてしまいます。目線を落として鼻を見ると、やわらかい印象を与え、話しやすく、心を開きやすくなるという効果が期待できます。

2 呼吸を合わせる

相手と同じペースで息をすると自然にリズムが合ってシンクロしていくので、居心地がいいと感じやすくなり、心を開きやすくなります。よく相性がいいことを「息が合う」といいますが、文字通り呼吸のペースが合っているのです。

3「でも」を使わない

何か話すと、受け入れながらもつい「でもさー」と口癖のように使う人が意外に多いものです。使うほうは無意識ですが、言われたほうは自分の考えを否定されたと感じて、心にストップがかかってしまいます。「でも」は意識的に使わないようにして、「ああ、わかるわかる。あとさ……」「それでね……」などといった同調する言葉や、相手の会話にさらに乗せていくような言葉を意識的に使いましょう。

4 あいづち

相手が話しやすくなるリズムであいづちを入れると話がはずみます。

あいづちとして使いがちだけど実はNGのあいづちが2つあります。それが「なるほど」「勉強になります」。

とくに上司や先輩のときに使いがちなので要注意。どちらも、「もうこの話、終わりにしたいな」というときに出る言葉なのです。そうなると、もしかするともう少しいい話が聞けたかもしれないのに、そこで話が終わりになってしまいます。これはとてももったいないことです。

しかも「勉強になりました」って、あまり勉強になっていないときに出てきやすい言葉なんですよ。便利だからとりあえず使ってしまいがちですが、注意しましょう。

「そうなんですか、面白いですね」「それでどうなったんですか」など、さらに相手の話を引き出すようなあいづちを打てるといいですね。

ご縁を引き寄せる「話し方」

とはいえ、やっぱり「話し上手」になりたい。話し上手になってご縁も運も呼び込みたい。

そんな話すことが苦手な人でも、簡単にできるテクニックが2つあります。

1つめは、一文を短くすること。

話が得意ではない人の特徴は、一文が長いということです。自信がないときや話がまとまっていないとき、話は長くなりがちなのです。

NHKでは、ニュース原稿の一文は50文字以内になるようにつくられているそうです。短くて簡潔に話すことでわかりやすく、伝わりやすくなります。

「この前、こんなことがあったんだよ」「そのときにこういう人がいたんだよ」「そのときにこう思ったんだよ」「そのあとにこんなことが起こったんだよ」など、意識的に話す一文を短くしていきましょう。

もう1つは、「ぽぽねぽ」の法則を使うこと。

ぽぽねぽとは、「ポジティブ、ポジティブ、ネガティブ、ポジティブ」の頭文字をとったもの。物事を伝える順番で、相手に一番刺さりやすい、納得してくれやすい順番といわれています。

部下、後輩にアドバイスするとき、営業の人がプレゼンするとき、恋愛でアピールしたいときなど、いろいろなシチュエーションで使えます。

例えば物を売りたいとき、本当はいいことだけ言いたいもの。でも全部いいことを言ってしまうと、人は嘘くさいと思ってしまいます。そこであえて1つ、自分にとって不利な情報を入れると、「本当は言いたくないはずなのに、そんなことも言ってくれるんだ」と思い、「この人は信用できる」「この人は誠実な人だ」という印象を持ってもらえるのです。その順番が「ぽぽねぽ」です。

例えば部下に何か注意したい場合。

「いつも仕事、がんばってるね」(ポジティブ)

「この間の企画書、よくできていたよ」(ポジティブ)

ジティブ）

「ただ、書類の提出の締め切りが守れないのが残念なんだよね」（ネガティブ）

「そこさえクリアしたら言うことなしだよ。期待しているからがんばってね」（ポジティブ）

……といった具合です。

よし、がんばろうと思いませんか？　これが、最初にネガティブなことを言われてしまうと、言うことを聞きたくなくなります。逆に最後だと、言われたことが心に残ってしまいます。ネガティブは3番目くらいがいいのです。

ちなみに僕は仕事柄、初対面の人と話すことが多いのですが、まず「相手が答えやすい質問」から入るようにしています。相手がなんの労力もなく答えられる、自信を持って答えられる質問です。

野球選手なら、「何で野球をはじめたんですか」といった鉄板質問のようなものです。スラスラ答えられる質問で、相手に調子を出してもらうのです。それがいきなり「あなたにとって野球とは何ですか」なんて難しいことを聞かれたら、スラスラとは答えられないですよね。

キャッチボールもそうですが、最初は体を慣らすための軽いボールを投げていきます。そして体が温まったところで、最後に本気で投げていくようにイメージするといいでしょう。

最後はテクニックより「心」

聞き上手、話し上手のテクニックを書いておいて身も蓋もありませんが、頭ではわかっていてもできないことが多いものです。

でもたとえできなくても、こういうことを知ったうえで人とコミュニケーションをとってみよう、と思うことが大事なのだと思います。人と話すのが苦手な人でも、少し緊張してしまう人でも、コミュニケーションをとるのって楽しいなと思えることが重要。人と出会って話をするということは、自分が知らなかったことを知ることができたり、刺激をもらえたり、逆に安心できたり、とても大事なことなのです。

風の時代だからこそ、怖がらずにいろいろな人と接してみましょう。

テクニックよりも大切なのは、相手の話を興味・関心を持って聞くこと、そして話すときは熱意を持って話すこと。

結局は「心」に勝るものはないのです。

僕も取材を受ける側になることがあるのでよくわかりますが、話を聞いている人が興味を持って聞いてくれているかいないかは、実はすごく伝わってきます。どうせなら、興味を持って面白がって聞いてくれる人に話したいですよね。野球の話は野球好きな人に話をしたいのと同じです。

つまり、テクニックはいろいろとあるものの、結局、聞き上手というのは「相手に興味を持つこと」が一番大事なのです。相手に興味を持つと聞き方がまったく違ってきます。

さらに、話し上手のテクニックを使うよりももっとすごいのは、「熱量を持って話す」こと。

僕が怪談の話をするときにも実感することですが、自分が実際に体験した話をするときのほうが怖い、面白かったといわれます。誰かから聞いた怖い話は、いくらその中身が面白く、上手に話せたとしても、体験にはかないません。なぜなら、自分で体験したことのほうが熱を持って話せるから。結果、聞いている人の心に届くのです。

ですから話すのが苦手な人は、上手に話せなくても大丈夫。本当に伝えたい気持ちがあれば、きっと相手には伝わります。


話し下手な人に、もう1ついえることがあります。

例えばすごくいいなと思う洋服があっても、店員さんの態度が悪かったら買いたくないですよね。感じのいい店員さんからなら喜んで買いたくなります。やはり、〝感じがいい〟ということはすごく大事だと思います。

有名なコンビニの話があります。駅前にコンビニが2軒ありました。どちらも立地もいいし品ぞろえもほぼ同じ。でも1軒は大繁盛、もう1軒はすぐつぶれてしまいました。

一体何が違ったかというと、繁盛した店では、店長がスタッフにある1つのことを徹底して教えていたからなのです。

それが「レジでお会計のとき、お客様に〝ありがとうございました〟のあとに何でもいいからプラスのひと言を添える」ということでした。

「今、雨が降ってますね。気をつけてくださいね」

「いつも来ていただいてありがとうございます」

このプラスのひと言の感じのよさで、「あのお店で買いたい」と思われたのです。

僕たちも、仕事で最後に挨拶をするときや、メールの締めくくりの文などに、ひと言プラスするように心がけることはできるのではないでしょうか。

言われた相手もうれしいのはもちろんですが、言った自分が何よりも気持ちがよくなります。そんな空気が、いい運気も運んできてくれるかもしれません。

宝くじが当たるよりも「運がいい」こと

「運がいい」というと、宝くじが当たるような大きな幸運に恵まれることを連想しがちです。でもそんなことはめったにありません。

それよりも大切なのは、日々の生活のなかで小さな幸せを見つけられること。1つひとつの小さなことについて「運がいいな」と感じることです。

例えば駅に着いたらすぐに電車が来たとか、ランチに入ったお店で日替わりメニューが大好物のものだったといったようなことにも「ラッキー！」と思えるかどうか。

この章の最初にお話しした「強運な人の絶対条件」や、松下幸之助氏のエピソードにも通じますが、それがちょっとしたことでも「自分は運がいい」と信じることなのです。

世の中には「運がいい人間」と「運が悪い人間」が存在しているわけではなく、同じことがあっても、そのなかの幸せに気づいて「自分は運がいい、幸せだな」

と思えるか、気づかずに「運が悪い」ことだけにフォーカスしてイライラしたり、落ち込んだりしているかの違いなのではないでしょうか。

大阪・天王寺区にある堀越神社は、古くから生涯で一度だけ願いを叶えてくれるという言い伝えのある神社です。

普通、神社でお守りを授かると1年ほどで返納するものですが、ここでは「ひと夢祈願」といって、一生に一度だけのお守りを授かることができます。紙に1つだけ叶えたい夢を書くと、神主さんがご祈祷《きとう》してくださって、お守りにしてくれるのです。つまり生涯で1つ、自分だけのオンリーワンのお守りを授かれるのです。

以前、芸人3人でこちらの神社にロケに行き、「ひと夢祈願」を授かることになりました。最初はみんなボケながら「お金持ちになりたい」「健康で長生きしたい」などと言っていましたが、実際願いを書くとなると3人とも真剣に考え込んでしまいました。

そしてカメラを止めてもらい、30分休憩をもらって考えに考え抜いて書いた願いが、なんと3人ともほぼ一緒だったのです。

「自分とまわりの大切な人たちがずっと笑顔でいられますように」

多少言葉は違えども、結局僕たちは3人とも、自分とまわりの人たちの幸せに行き着いたのです。

そして書いてみて気づいたことがあります。

「あれ、今も楽しく過ごせているし、健康でいられているし、笑って過ごせているな。今の状態ってもう願いが叶っているじゃん!」と。

何が幸せなのか、自分の幸せとは何かを真剣に考え抜いた結果、今の自分の幸せに気づけた素敵な時間になりました。

上ばかり求めると愚痴や不平不満になってしまいますが、自分を見つめ直して、まわりを見渡してみると、今の自分の幸せに気づく。毎日そんなふうに思えたら、それこそが〝幸せ〟なのではないでしょうか。

人生の波を乗りこなす方法

お世話になっている先輩芸人のゴルゴ松本さん。

ゴルゴさんといえば、「命」「炎」などの人文字ギャグが有名ですが、ゴルゴさんとお話ししていて、「やっぱり漢字っていろいろなことを教えてくれるよね」という話になりました。

この本の冒頭でも述べたように、今、コロナ禍でみんな「大変だ、大変だ」というけれど、「大変」は「大きく変わる」こと。逆にいえば大きく変わることが大変なのだと。

だから僕たち人間が変わらなくちゃいけない。変わらないまま、同じやり方を続けたほうがラクだけれど、そういうわけにはいかないのです。必要だから、大きく変わらなければいけないことが起きているということなのです。

「面倒だ、面倒だ」というけれど、「面倒」という字は「面を倒す」と書きます。頭《こうべ》を垂れる、素直に謝る、感謝をするということだから、「面倒」さえ必要なことなのかもしれません。

「難」という字があります。

苦難、災難、困難、難題、難問、多難、難儀などなど、もう見るのも嫌な漢字かもしれませんね。

では「難」がないほうがいいのでしょうか。「難が無い」と書くと「無難」になり、「無難」=平凡で面白味がない、という意味で使われることもあります。一方で、「難が有る」と書いて「有り難い」となり、「有難う」という字になります。

今はいろいろな苦労があって「難」かもしれないけれど、それを乗り越えることで成長することができます。結果、あの「難」が「有った」からこそ今の自分になれたのだという感謝に変えていける。それが「ありがたい」ということなのです。

占いを見ても、運気には必ずいい時期と悪い時期があり、人生も山あり谷あり、波があります。

よく「運気のいい時期はいつですか」と聞かれることがあります。

実は運気がいい時期は、危うい時期でもあると思います。なぜなら、うまくいっているときは我が身を振り返り、自分の悪い部分に目を向けることがなかなかないからです。一見、華やかな時期だけにアウトプットばかりして、インプットを忘れてしまいがちな時期なのです。

逆に、運気が悪いとき、つまり人生の〝谷〟の時期は、「自分の何がいけなかったのだろう」と、自分の内側に目を向けて、どうしたらもっとよくなるか考えられる、インプットに適した時期だといえます。ですからこの「難」がある時期ほど、どう過ごしたかが大事になってきます。

どっちがいい悪いではなく、人生はこういう波があるものということを知っておけば、怖くありません。落ち込んでいる時期に、ちゃんと自分を見つめて、種まきができていたり、努力できたりする人は、同じ波の浮き沈みはあっても、必ず上昇していけるでしょう。

コラム

運気が開ける!? 世界3大パワースポット

突然ですがみなさん、世界3大パワースポットがどこかご存じですか。

1つはフランスのルルド、2つめはアメリカのセドナ、3つめはハワイ島にあるマウナラニです（ただし3大スポットには諸説あります）。

僕はこのうち、セドナとマウナラニに行ったことがあります。今、コロナ禍で簡単に海外旅行もしにくい状況ですが、チャンスがあったらみなさんにもぜひ行っていただきたい場所です。

フランスのルルドの近くには、有名なルルドの泉があります。ここは奇跡の泉と呼ばれ、聖母マリアが何度もあわられたといわれています。聖水で病気を癒やすことができ、その水は腐らないとか。

キリスト教の聖地としても知られており、地球上の祈りが集まる場所です。僕もいつか行ってみたいパワースポットです。

アメリカのアリゾナ州にあるセドナは、スピリチュアル好きな人には有名なパワースポットです。

赤褐色の山がたくさんあり、ボルテックス＝地球上のエネルギーが湧き出す場所が無数に存在しています。そのエネルギーがすごすぎて、地元では、“セドナ酔い”という言葉もあるほど、感受性が強い人がその場にいると、その地に降り立つと急に涙がこぼれたり、情緒不安定になったり発熱したり、エネルギーにあてられてしまうことがよくあるようです。僕は10年前にロケで行ったとき、いっさいそんなことはありませんでしたが……。

ちなみにセドナにはセレブたちの別荘も多くあります。古くはウォルト・ディズニーが別荘地にしていて、ディズニーランドのビックサンダー・マウンテンの山はセドナがモデルだそうです。

ミシュランガイドの審査員をしていた人の話です。その方が引退したときに、雑誌の取材で記者から、「今までおいしいものをたくさん食べてきたと思いますが、一番おいしかったものはなんですか」と質問をされました。すると、審査員は「セドナで食べたサンドイッチ」と即答したそうです。涙が出るほ

コラム

どおいしかったといいます。

きっとセドナというパワーのある場所で、体が活性化していつも以上においしく感じたのかもしれません。みなさんも機会があったらぜひ行って、直接そのエネルギーを感じてみてください。

最後はハワイのマウナラニです。ハワイの西側に位置し、溶岩の固まった岩が広がっている場所で、もともとハワイの王族たちの保養地でした。

ハワイは火山が多い場所ですが、たくさんの火山の中間地点になっていて、まさに地球のエネルギーが噴き出す場所といわれています。

もし行かれる機会があれば、マウナラニの溶岩をしばらく歩いた奥のほうにある洞窟にぜひ行ってほしいのです。昔、ハワイアンたちは洞窟に精霊が宿ると信じていたそうです。

洞窟は教室3つ分くらいの広さなのですが、奥のほうに光が一筋差し込んでいるところがあります。この光の下に入り、写真を撮ると自分のオーラが映るといわれています。そんな場所は地球上でここしかありません。

もちろん僕も撮影しました。その場にいたほかの方たちも撮影していましたが、本当に人によって形や色が違うことがわかります。ほかの方に比べて、僕のオーラが小さかったというのが、今となっては笑い話です。

今すぐに行くのは難しいかもしれませんが、もう少し世の中が落ち着いたらぜひ一度訪れてみてはいかがでしょうか。

著者紹介

島田秀平　（しまだ しゅうへい）
1977年12月5日生まれ。長野県出身。ホリプロコム所属。1996年お笑いコンビ「号泣」としてデビュー。2002年、仕事で知り合った「原宿の母」に弟子入り。芸能活動の傍ら修業を積み、「代々木の甥」を襲名。「人気線」「あやまりま線」など、芸人ならではのユニークな手相のネーミングが話題を呼び、これまでに5万人以上の手相を鑑定する。
パワースポットや都市伝説にも詳しく、公式YouTubeチャンネル「島田秀平のお怪談巡り」は登録者数36万人を突破（2021年11月現在）。累計100万部を超える手相占い関連の書籍のほか、『「強運」の鍛え方』(SBクリエイティブ）など著書多数。

「200年《ねん》ぶりの大変化《だいへんか》」を味方《みかた》につける！
「風《かぜ》の時代《じだい》」開運《かいうん》の上昇《じょうしょう》気流《きりゅう》に乗《の》る方法《ほうほう》

2021年12月20日　第1刷

著　　者　島《しま》田《だ》秀《しゅう》平《へい》
発行者　小澤源太郎

責任編集　株式会社 プライム涌光
電話　編集部　03(3203)2850

発行所　株式会社 青春出版社
東京都新宿区若松町12番1号 〒162-0056
振替番号　00190-7-98602
電話　営業部　03(3207)1916

印　刷　中央精版印刷　　製　本　フォーネット社

万一、落丁、乱丁がありました節は、お取りかえします。
ISBN978-4-413-23230-2 C0076

最新の遺伝子検査でわかった
アトピーが消えるたった1つの方法
かゆみ物質〈ヒスタミン〉は腸からコントロールできる
本間良子　本間龍介

美容皮膚科医が教える
大人のヘアケア再入門
吉木伸子

「後伸びする子」に育つ親の習慣
柳沢幸雄

認知症が進まない話し方があった
困った行動が減り、介護がラクになる！
吉田勝明

いつまでも消えない「痛み」の正体
「痛みの悪循環」を抜け出せばラクになる
牛田享宏

青春出版社の四六判シリーズ

アンダルシアの洞窟暮らし
「もたない」「ゆったり」「自由」が満たされる世界
太田尚樹

英語ぎらいもコレならわかる！
英文法の解剖図鑑
すずきひろし［著・イラスト］　中井 翔［監修］

Moon Therapy
自分を最優先にする
肌と心の整え方
CHIKA

これからの集客は
YouTubeが9割
一番わかりやすい！「ビジネス動画」の仕組みとノウハウ
大原昌人

5つの物語で知る買い手の心理
圧倒的サイト戦略
お客様が行動する瞬間をつくる
大浦早紀子

お願い　ページわりの関係からここでは一部の既刊本しか掲載してありません。
折り込みの出版案内もご参考にご覧ください。